LISA MIKOVÁ

Werner Imhof

Ich bitte Sie, wir sind doch Europäer!

LISA MIKOVÁ

Eine Tschechin,
die nicht nur Auschwitz überlebt hat

tredition

Hamburg 2018

© 2018 Werner Imhof

Umschlaggestaltung, Illustration: Werner Imhof
Lektorat, Korrektorat: Werner Imhof
Verlag und Druck: tradition GmbH, Halenreie 40-44, 22359 Hamburg

ISBN Taschenbuch: 978-3-7469-6913-8
ISBN Hardcover: 978-3-7469-6914-5
ISBN e-Book: 978-3-7469-6915-2

Das Titelbild zeigt Lisa Miková mit 18 Jahren in den Skiferien.

Bildnachweis

Einband, S. 19, 21, 88, 98 (3): Privatarchiv Lisa Miková;
S. 12: Brücke/Most-Stiftung;
S. 10–12, 42, 46–49, 52, 56, 61, 62, 94 (2), 95, 96: Werner Imhof;
S. 26: Wikipedia, gemeinfrei (Ernst Freud et alii (ed.): Sigmund Freud: Sein Leben in Bildern und Texten. (Frankfurt am Main 2006.) Pages 150–151);
S. 29: Wikipedia, gemeinfrei (Narodowe Archiwum Cyfrowe, Sygnatura: 2-12457);
S. 67, 70: Dnalor 01 - Eigenes Werk, CC BY-SA 3.0 at, https://commons.wikimedia.org/w/index.php?curid=33103769 und CC BY-SA 3.0 at, https://commons.wikimedia.org/w/index.php?curid=26547566,
S. 82: Wikipedia, gemeinfrei (Cpl Donald R. Ornitz, US Army);
S. 77: Sabine Ebert, Leipzig.

Gewidmet František und Petr

Inhalt

Vorbemerkungen

Zum Namen

Lisa Miková wurde als Lisa Lichtenstern in Prag geboren. In Theresienstadt lernte sie František Mauthner kennen und heiratete ihn dort. Nach dem Krieg war es in der Tschechoslowakei sehr unvorteilhaft, einen deutsch klingenden Namen zu tragen. Die Mauthners entschieden sich deshalb schließlich 1946, den Namen „Mika" anzunehmen.

Zu Zitaten

Ich habe Dutzende von Zeitzeugengesprächen mit Lisa Miková begleitet und einige mit Diktaphon oder Videokamera mitgeschnitten. Zur Vorbereitung dieses Buches traf ich mich mit Lisa in Prag, und habe auch dieses Gespräch per Diktaphon aufgenommen. Gern habe ich die dadurch sich bietende Gelegenheit genutzt, in weiten Teilen den Verlauf der Ereignisse mit Lisas eigenen Worten wiederzugeben. Dabei habe ich nur sehr behutsam den gesprochenen Text bei der Verschriftlichung verändert. Bei Lisa war das kaum notwendig, denn sie spricht nahezu druckreif. Alle Zitate, die nicht anders gekennzeichnet sind, entstammen diesen Aufnahmen.

Vielleicht werden sich Berufskollegen von mir – Historiker – dazu aufgerufen fühlen, die eine oder andere Zahl im vorliegenden Text aufgrund neuer Erkenntnisse oder eigener Forschungen geringfügig zu korrigieren oder Ortsangaben richtigzustellen. Ich werde das begrüßen, und es wird an der Grundaussage nichts ändern.

Na, ich danke schön!

Wenn es keine Nazis und keine Kommunisten gegeben hätte, wäre Lisa Miková heute vielleicht eine gefeierte Grande Dame der Haute Couture, deren Entwürfe in Paris für Aufsehen sorgen. Davon soll an anderer Stelle noch die Rede sein. Sie würde wohl nach wie vor in Prag und nicht in Paris leben – dazu ist die Bindung an ihre Heimat zu stark, und diese Bindung hätte ohne das tragische Schicksal Tschechiens im 20. Jahrhundert auch keine Risse bekommen.

Ich lernte Lisa im November 2002 kennen. Ich hatte für die Brücke/Most-Stiftung zur deutsch-tschechischen Verständigung und Zusammenarbeit als Koordinator ein Projekt übernommen, in dem wir mit tschechischen Überlebenden der NS-Zeit Schulen in Deutschland besuchten. Die erste Reise mit Lisa als Zeitzeugin führte uns nach Greding in Bayern. Sie stand unter einem guten Stern. Ich hatte Lisa in Prag abgeholt, und als wir abends gegen neun Uhr in Greding ankamen, lungerten vor unserem Hotel einige Jugendliche herum. An der Rezeption teilte man uns mit, sie erwarteten am nächsten Morgen unseren Besuch in ihrer Schule und hätten seit Stunden bei ziemlich schneidender Kälte auf uns gewartet, um uns zu begrüßen. Sie überreichten Blumen als Willkommensgruß. Lisa war gerührt. Es folgte ein hervorragendes Abendessen und die Fortsetzung unserer auf der Fahrt begonnenen Unterhaltung. Ich war vom ersten Moment an von Lisa fasziniert. Als wir schließlich das lange Gespräch beendeten, ging ich mit dem Gedanken zu Bett: In diese 80-Jährige muss man sich einfach verlieben!

Das Zeitzeugengespräch am nächsten Morgen war sehr beeindruckend. Die Lehrer der Volksschule Greding hatten alle von mir im Vorfeld übermittelten Tipps beherzigt und alle zur Verfügung gestellten Materialien und genutzt. Die Schüler waren hervorragend vorbereitet, einfühlsam, wissbegierig. Es war alles so, wie es sein sollte. Ein Team von der Schülerzeitung führte anschließend noch ein Interview mit Lisa.

Die Chefredakteurin der Schülerzeitung in Greding interviewt Lisa Miková

Gredinger Schülerinnen bedanken sich bei Lisa mit einem Blumenstrauß

In Erinnerung an diese Reise suchten wir einige Jahre später diesen Ort und diese Schule zum zweiten Mal auf. Aber es war eine Enttäuschung. Unser schönes Hotel hatte keine Zimmer mehr frei. Wir trafen auf schlecht vorbereitete Lehrer und Schüler. „Man soll nicht zweimal in denselben Fluss springen" sagte Lisa nur weise.

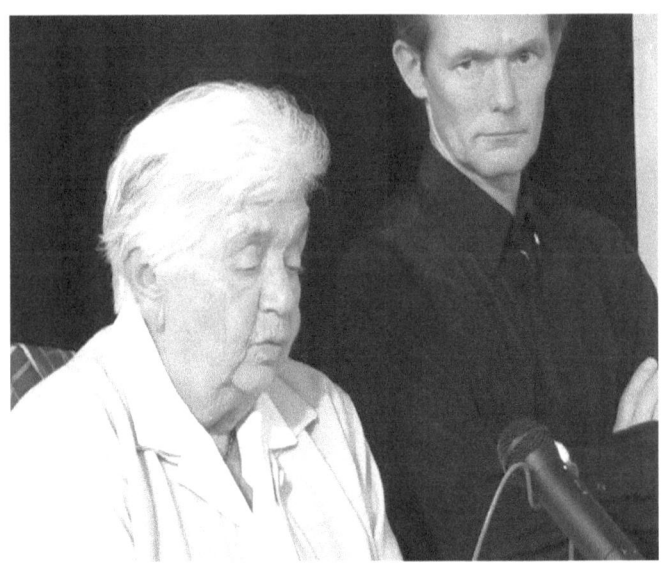

Lisa Miková mit Werner Imhof in Theresienstadt

Es verrät sehr viel über Lisa Mikovás Persönlichkeit, ihre Prägung als Kind der 1. Tschechoslowakischen Republik nach der Staatsgründung im Jahr 1918, ihr Selbstverständnis, worüber sie sich ärgert:

In Tschechien ist es weit verbreitet, Gäste aufzufordern, die Schuhe beim Betreten einer Wohnung auszuziehen. Das empfinde ich immer als etwas entwürdigend. Wenn man jemanden zu Hause besucht, versucht man sich anständig zu kleiden – und läuft dann in Strümpfen (hoffentlich ohne Löcher und ohne allzu große Geruchsbelästigung!) herum. Im besseren Fall bietet der Gastgeber irgendwelche Hausschuhe an, die naturgemäß nicht die passende Größe haben und selbstverständlich zu der Kleidung, die man gewählt hat, im Unterschied zu den Straßenschuhen, die man getragen hat, nicht recht passen wollen. Als ich Lisa zum ersten Mal in ihrer Wohnung im historischen Zentrum Prags besuchte, fragte ich an der Tür: „Soll ich die Schuhe ausziehen?" Entrüstet erwiderte Lisa: „Ich bitte Sie! Wir sind doch Europäer!" Sie ist eine wunderbare Gastgeberin und eine ausgezeichnete Köchin.

Auch begegnet man hierzulande häufig der Gewohnheit, bei Namen zuerst den Nachnamen zu nennen. Das ist die Sprache von Bürokraten. Wahrscheinlich trägt diese Sitte dazu bei, dass ich immer wieder als „Herr Werner" angesprochen werde. Das ärgert mich stets ein wenig und nicht selten kommt mir dabei der – wahrscheinlich übertreibende – Gedanke, es mit einem sehr provinziellen oder zumindest mit einem Menschen zu tun zu haben, der nicht viel nachdenkt über das, was er sagt. Wer nur ein ganz klein wenig über den tschechischen Tellerrand hinausgeschaut hat, wird wahrgenommen haben, dass auf der ganzen Welt vermutlich kein einziger Mensch mit Vornamen „Imhof" heißt. „Das verdanken wir den Kommunisten", sagt Lisa dazu. „Es ist praktisch für Ämter, nicht für Menschen."

Geradezu wütend berichtete sie mir einmal über eine Gedenkveranstaltung zum Holocaust in einer Prager Synagoge. Man habe dort an diesem Tag die israelische Flagge aufgehängt. „Warum die israelische? Und wenn schon – warum dann nicht wenigstens auch die tschechische?" fragte sie empört. Sie hat sich selbst stets als Tschechin verstanden, die zufällig jüdischen Glaubens ist. Zionismus ist ihre Sache nicht.

Ihre Verärgerung mischte sich mit ihrem unvergleichlichen trockenen Humor, als sie mir einmal von einer Reise mit ihrem Mann in die Schweiz erzählte.

„František besuchte, wenn wir auf Reisen waren und ein wenig Zeit hatten, gern Friedhöfe und Denkmäler. Einmal, ich glaube, es war in der Nähe von St. Gallen, rief er mich plötzlich aufgeregt zu sich: »Schau Dir das einmal an, Lisa!« Wir standen vor einem Gedenkstein mit der Aufschrift: »Für die im Zweiten Weltkrieg ums Leben gekommenen Schweizerinnen und Schweizer«. Ums Leben gekommen? Durch einen Verkehrsunfall? Einen Herzinfarkt?"

Die Haltung der Schweiz zur Zeit des Holocausts wird kaum dazu beigetragen haben, František Mika und seine Frau als Auschwitz-Überlebende gegenüber diesem Land milder zu stimmen. Für jüdische Verfolgte waren die Grenzen geschlossen. Zahngold, das man in Auschwitz und anderswo den Vergasten herausgebrochen hatte, nahmen die Schweizer Banken indes gern.

An dieser Stelle soll keinesfalls der Eindruck erweckt werden, Lisa Miková sei eine grämliche, von Ärger zerfressene Person. Das ist sie mitnichten. Im Gegenteil kann ich mir meistens zumindest ein Schmunzeln kaum verkneifen, wenn sie ausgesprochen nüchtern, ohne auszuschmücken oder zu übertreiben, aber schneidend und brillant formuliert schildert, was ihr gegen den Strich geht. Wenn ihr Urteil absolut vernichtend ist, entrutscht ihr ein trockenes „Na, ich danke schön!" Das ist die Höchststrafe – wen sie trifft, der sollte ihr wohl besser nie wieder unter die Augen treten.

Lisas Holocaust-Bericht ist das, was in der Narrativik „Pokerface-Erzählen" genannt wird: Sehr sachlich und nüchtern, ohne unnötige schmückende Adjektive, eigene Kommentierung oder Gefühlsäußerungen schildert sie nahezu unvorstellbar Grausames. Der Effekt – auf den sie ganz sicher nicht spekuliert – ist ähnlich wie bei

14

Erzählern mit einem eher journalistischen Stil wie Hemingway: Der Leser oder Zuhörer muss sich die nicht in Worte gefassten Gefühle allein ausmalen und sie werden dadurch verstärkt. Als Veranstalter von Oral-History-Gesprächen kann man sich gar nichts Besseres wünschen. Nicht nur, weil ihr persönliches Schicksal so bewegend ist, hinterließ Lisa am häufigsten Zuhörer und Gesprächspartner, die mit den Tränen kämpften oder diese nicht zurückhalten konnten.

Manches von dem, was Lisa ärgert, hat zu tun mit dem, was der tschechoslowakische und dann tschechische Präsident Václav Havel (1989 – 2003) die „tschechische Kleinheit" genannt hat. Vieles deutet darauf hin, dass diese Eigenschaft im weiteren Verlauf der Geschichte ab September 1938, als die Tschechoslowakei im so genannten „Münchner Abkommen" ihrer deutschsprachigen Gebiete beraubt wurde, dann ab März 1939 als von den Nazis besetztes und als „Protektorat Böhmen und Mähren" bezeichnetes Territorium, später in den Jahrzehnten nach der kommunistischen Machtübernahme von 1948 bis 1989 und schließlich nach der erneuten Teilung der Tschechoslowakei in zwei Staaten – Tschechien und die Slowakei – 1993 zumindest keine Abschwächung erfahren hat.

Havel beschrieb es so: „Und da haben wir es wieder: die tschechische Kleinheit. Kümmer dich um dich selber, misch dich nicht in fremde Dinge ein, bücke dich und ducke dich. (...) In unserer modernen Geschichte gibt es wiederholt Situationen, in denen sich die Gesellschaft zu einer Handlung aufrafft, aber dann machen die Vormänner Rückzugsmanöver, weichen aus, schließen einen Kompromiss, manchmal kapitulieren sie, geben etwas auf, opfern etwas, selbstverständlich im Interesse der Rettung der nationalen Existenz. Und die Gesellschaft, zunächst davon traumatisiert, gibt dann sehr schnell alles auf, begreift sozusagen ihre Vormänner, und fällt schließlich in Apathie oder gleich in Ohnmacht.

Und in das öffentliche Leben wälzt sich der Schlamm, der Abschaum, bemächtigt sich der Medien, und die Kontinuität des freien Geistes und der Menschenwürde aufrechtzuerhalten bemühen sich nur irgendwelche Dissidenten und Widerstandskämpfer, die von der Mehrheitsbevölkerung als eine Art Provokateure wahrgenommen werden, die die Übrigen überflüssigerweise in Gefahr bringen. So war das in der Zeit nach München, während des Protektorats, in den fünfziger Jahren und 1968 nach der sowjetischen Okkupation. Am Anfang stehen Sätze wie »Sie haben uns verraten«, »Sie haben uns verkauft«, »Alle haben sich gegen uns verbündet«, es geht weiter mit Sätzen des Typs »Es hat sowieso keinen Zweck« und endet mit einem nationalen Schrei, Gerede von »Nationalinteressen« und der stillen Zustimmung zur Verfolgung irgendeiner Minderheit. Es siegt die tschechische Kleinheit in der schlimmsten Bedeutung dieses Begriffs. (...)

Nach München nahmen sie uns das Sudetengebiet, nach der Teilung des Staates kamen wir um die Slowakei. Nach solchen Vorgängen kommt es gesetzesmäßig zu den Rufen nach weiterer Homogenisierung der Gesellschaft: Wir entledigen uns der Juden, dann der Deutschen, dann der Bourgeoisie, dann der Dissidenten, dann der Slowaken – und wer wird als nächster an der Reihe sein? Roma? Homosexuelle? Ausländer überhaupt? Und wer bleibt übrig? Reinblütige Kleintschechen auf ihrem kleinen Hof.

Es geht nicht nur darum, dass solche Haltungen oder gar eine solche Politik unmoralisch sind, es geht auch darum, dass sie selbstmörderisch sind. Heute – in einem völlig anderen und gepflegteren ideologischen Cocktail – tauchen bei uns dieses Haltungen wieder auf. Ihre sichtbarste Äußerung ist das Antieuropäertum. Das ist doch im Grunde dasselbe Verhältnis zur Welt: Warum sollen wir uns mit jemandem beraten, warum sollen wir auf jemanden hören, warum sollen wir mit irgendeinem Fremdling Macht teilen, warum sollen wir jemandem Fremden helfen?" (Václav Havel: Fassen Sie sich bitte kurz, Reinbek bei Hamburg 2007, S. 137 f.)

Havels Urteil über seine Mitbürger ist in diesem Punkt sehr kritisch und gewiss nicht als umfassendes und abschließendes Urteil über Tschechien zu missverstehen. Gerade er selbst konnte sich auch auf andere, positive Elemente in der tschechischen Gesellschaft und Geschichte stützen.

Glückliche Jugend in Prag

Eigentlich wurde Lisa Miková ins Glück geboren - am 31. Januar 1922 in Prag. Die Mutter stammte aus Nové Bystřice, einem kleinen Städtchen im tschechisch-österreichischen Grenzgebiet, der Vater aus einem Dorf bei Kladno. Mithin war ein Teil der Erziehung deutsch, ein Teil tschechisch. Als die Mutter vor dem 1. Weltkrieg in Nové Bystřice zur Schule ging, gab es dort gar keine tschechische Schule. Es gab Verwandte in Wien, wo Lisas Mutter zeitweise eine Schule besuchte. Wenngleich in einem deutschsprachigen Umfeld aufgewachsen, sprach sie stets tschechisch – außer, wenn Lisa es nicht verstehen sollte. Dann sprach sie deutsch. Bei ihrer sprachbegabten Tochter funktionierte das freilich nicht lange. (Lisa erzählt mit Anna Lorencová von dieser Zeit ausführlich in einer öffentlichen Diskussion am 29. April 2015 im Jüdischen Museum Prag unter der Moderation von Jan Sokol. Dieses Podiumsgespräch aus der Reihe „Naše 20. století" ist im Internet abrufbar unter www.youtube.com/watch?v=90zcvp8xoLc).

Lisas Mutter ließ jedes Jahr bei einem renommierten Prager Fotografen ihre kleine Tochter ablichten. Die Fotos erhielt ihr Mann dann zum Geburtstag. „Jedes Mal wurde ich neu ausstaffiert, musste neue Kleider tragen."

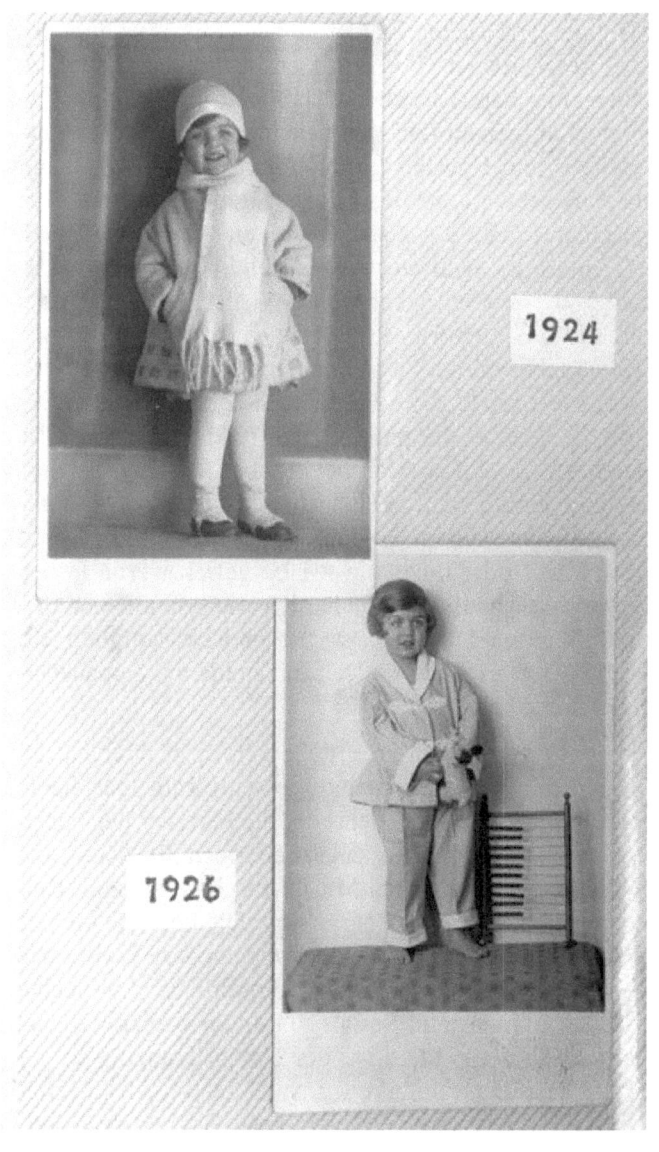

1924

1926

Als eines von sieben Kindern eines Gutsverwalters aus eher bescheidenen Verhältnissen stammend, hatte der Vater eine Handelsakademie besucht, ein Importunternehmen aufgebaut und sich beachtlichen Wohlstand erarbeitet: Zum Haushalt gehörten eine schöne Wohnung im 5. Stockwerk in der Prager Straße „Spálena", ein Ferienhaus, ein Kindermädchen, ein Stubenmädchen, ein Auto mit Chauffeur. Als Einzelkind wurde Lisa geliebt und verwöhnt, aber nicht verhätschelt, und wuchs behütet auf. „Ich wurde sehr kurz gehalten, wie man heute sagen würde." Nur der Großvater verwöhnte sie gern. Sie trieb Sport – Tennis, Ski, Schlittschuh. Der jüdische Glaube war präsent, aber die Familie war alles andere als orthodox. Man beging die jüdischen Feiertage, aber feierte auch Weihnachten und Ostern. Bei der Auswahl ihrer Freunde spielte keine Rolle, ob jemand jüdisch war oder nicht – wer Lisa gefiel, wurde in den Freundeskreis aufgenommen. „Ich war wie alle anderen Kinder." Streng befolgt werden musste lediglich ein Grundsatz ihrer Mutter: „Deine Freunde müssen anständige Kinder sein!"

Lisa besuchte eine private Volksschule, in ihrer Klasse waren sie nur zu zehnt, und sie schwärmt noch heute von ihrer wunderbaren Lehrerin, die kurz vor der Pensionierung stand und aus einem enormen Wissens- und Bildungsschatz schöpfte. Mit ihr machten sie zum Beispiel auch Ausflüge in Prag. „Sie zeigte und erklärte uns einfach alles! Die Altstadt, aber auch andere Viertel wie die Weinberge oder Žižkov." Anschließend besuchte Lisa das Gymnasium. Bereits seit ihrem siebten Lebensjahr hatte sie auf Initiative des Vaters Französisch gelernt. Diese Entscheidung lag nahe, denn die Tschechoslowakei hatte damals sehr enge kulturelle Beziehung zu Frankreich.

Lisa vor dem Krieg

Lisa ist in der heute so genannten „Ersten Republik" aufgewachsen. Diese wird heute vor allem mit dem Namen von Tomáš Garrigue Masaryk identifiziert, der von 1918 bis 1935 ihr Präsident war – der vor Václav Havel erste „Dichterpräsident". Masaryk war Philosoph und Schriftsteller. Diese Tschechoslowakei, ihre Stellung in und ihre Haltung zu Europa ist mit der heutigen im Jahre 2018 kaum vergleichbar. In wirtschaftlicher Hinsicht vielleicht mit der Schweiz heute, aber kulturell war das Land – ohne den Schweizern zu nahe treten zu wollen – weit bedeutender. Man denke nur an Namen wie Sigmund Freud, Franz Kafka, Max Brod, Franz Werfel, Egon Erwin Kisch, Rainer Maria Rilke, Jaroslav Hašek, Lenka Reinerová… Ein Land in wirtschaftlicher und kultureller Blüte, weltoffen und orientiert an dem Ideal der Demokratien in den USA, in England und

Frankreich. Masaryk war seiner Zeit weit voraus, engagierte sich für die Vision von „Vereinigten Staaten von Europa".

Lisa erinnert sich: „Wir lebten in der Tschechoslowakei in einem kleinen, aber sehr, sehr demokratischen Land, waren aber von vielen weniger demokratischen Ländern umgeben – von Deutschland, von Österreich, von Ungarn und Polen."

Dunkle Wolken am Horizont

Lisa war eine gute Schülerin und besonders sprachbegabt. Sie wuchs zweisprachig Tschechisch und Deutsch auf und lernte früh zusätzlich Französisch, später noch Englisch und Spanisch. Eigentlich sollte sie an einer Hochschule studieren, aber die Familie verfolgte beunruhigt die zunehmend bedrohliche Situation in Deutschland und dachte an Emigration. Um darauf besser vorbereitet zu sein, sollte Lisa praktische Fertigkeiten erwerben und besuchte deshalb eine renommierte Fachschule für Modezeichnen, Entwürfe und Reklame. Sie hat das nicht bedauert – im Gegenteil. Es machte Lisa großen Spaß, und sie war außerordentlich talentiert für den Beruf der Modezeichnerin. Obwohl das damals – und heute noch – üblich war, Modelle mit Wespentaille zu entwerfen, fragte sie der Leiter der Fachschule: „Wo um Himmels willen sollen denn die Frauen, die so etwas tragen sollen, ihre Nieren, Leber und sonstige Organe unterbringen?"

Einmal im Jahr verbrachte die Familie einen Monat bei der Verwandtschaft der Mutter in Nové Bystřice – bis zum Jahr 1937. Danach nicht mehr, denn im deutschsprachigen Grenzgebiet kamen zunehmend Sympathien für Hitlerdeutschland auf. Nach dem Münchener Abkommen im September 1938 gehörte das Gebiet dann zum Deutschen Reich.

„In die Tschechoslowakische Republik kamen sehr viele Emigranten, aus Deutschland, später, als das Land von den Deutschen vereinnahmt wurde, auch aus Österreich, und sie erzählten von Verfolgung, von Totschlag, von Konzentrationslagern – und sie sagten alle: »Fahren Sie doch weg von hier, bleiben Sie nicht hier, glauben Sie ja nicht, dass Hitler vor Ihren Grenzen Halt machen wird. Das geht noch weiter!« Mein Vater war ganz ruhig und sagte: »Wir sind Tschechen, bei uns kann so etwas überhaupt nicht passieren!« Er half den Emigranten sehr viel, und wir bedauerten sie, dass sie weiterziehen mussten – nach Südafrika und Südamerika und in unbekannte Gegenden. Wir waren darüber sehr traurig. Daran, dass wir einmal sehr froh gewesen wären, wenn wir in diese Länder hätten gehen können, daran dachten wir überhaupt nicht."

Aber Hitler hatte in der Tat weitere Expansionspläne, und namentlich die wirtschaftlich starke Tschechoslowakei war für ihn von besonderem Interesse. Und Deutsch war zwar in diesem Vielvölkerstaat – nach einer Volkzählung von 1921 waren von den knapp 13,5 Mio. Einwohnern 50% Tschechen (6,7 Mio.), 23% Deutsche (3,1 Mio.), 15% Slowaken (2 Mio.), 5,5% Ungarn (750 Tsd.) und 3,5% Karpathorussen (460 Tsd.) – so etwas wie die zweite Landessprache. Aber die deutschsprachige Bevölkerung war nach der Gründung der Tschechoslowakei 1918 wenig begeistert davon, nun einer Minderheit anzugehören, auch wenn ihren Angehörigen alle Entfaltungsmöglichkeiten in dem neuen Staat offen standen.

„Tschechisch war in deutschen Schulen Pflichtgegenstand und Deutsch war in tschechischen Schulen Pflichtgegenstand. Aber das hat alles nichts geholfen. Hitler beantragte das Sudetengebiet (die deutschsprachigen Landesteile), es kamen Emissäre aus Deutschland, die Leute wurden politisch aufgewiegelt." Im so genannten „Münchner Abkommen" (in Tschechien genügt heute das Wort „München", siehe das Zitat von

Václav Havel oben) zwischen Deutschland, Frankreich, England und Italien wurde im September 1938 das „Sudetenland" Deutschland zugesprochen. Die Tschechoslowakei selbst war an der Konferenz, die diesen Beschluss fasste, gar nicht beteiligt – ein bis heute nachwirkendes Trauma für die Tschechen. Die beteiligten Mächte hofften, mit diesem Zugeständnis Hitlers Appetit nach mehr zu stillen und den Frieden in Europa zu sichern.

Von der Mehrheit der Sudetendeutschen wurde dies jubelnd begrüßt – sie ergriffen die Hand, die Hitler ihnen entgegenstreckte, und haben nach 1945 teuer dafür bezahlen müssen. Der Begriff „Sudetendeutsche" ist dabei in mehrfacher Hinsicht fragwürdig, denn die Sudeten sind ein Gebirgszug im Norden von Böhmen, von dem Münchner Abkommen waren aber auch deutschsprachige Gebiete unter anderem an der Grenze zu Österreich betroffen. Zudem waren die Bewohner dieser Gebiete keine Deutschen, sondern deutschsprachige Böhmen oder Mährer, und wenn sie 1918 nicht Tschechoslowaken werden und an ihrer Staatszugehörigkeit festhalten wollten, dann war das die österreichisch-ungarische, nicht die deutsche.

1938 fuhr Familie Lichtenstern für einen lange geplanten Urlaub in die Schweiz. In ihrem Hotel stießen sie auf den Bruder Sigmund Freuds, der aus Österreich in die Schweiz emigriert war und auf ein Visum für die USA wartete. „Am Kennzeichen unseres Autos erkannte er, dass wir Tschechen sind und sprach uns an: »Sie kommen aus der Tschechoslowakei, nicht wahr? Ich kann Sie nur beglückwünschen zu der Entscheidung, zu emigrieren! Das haben Sie richtig gemacht!«

*Familie Sigmund Freuds. Von links nach rechts: Oliver,
Sophie, Martha, Jean-Martin, Anna, Minna (Schwester
Marthas), Sigmund und Ernst Ludwig*

Wir sahen ihn nur kopfschüttelnd an und sagten: »Aber
wir sind hier nur im Urlaub!« »Das kann nicht Ihr Ernst
sein! Sie werden doch wohl nicht zurückkehren wollen?«" Lisa war besonders sauer auf ihn – er hatte den
Lichtensterns den ganzen Urlaub verdorben. Die Eltern
diskutierten den ganzen Abend über nichts anderes
mehr. „Die Freuds hatten dort auch einen Sohn, mit dem
ich Tennis spielte. Der bestürmte mich ebenfalls und ich

war sehr wütend. Sie sagten: »Aber lassen Sie doch wenigstens Ihre Tochter hier in einem Schweizer Pensionat!« Meine Eltern berieten darüber und ich versicherte, keinesfalls in irgendein Schweizer Pensionat zu gehen." Der Vater schlug vor, Lisa könne mit der Mutter in der Schweiz bleiben und er selbst werde nach Prag zurückfahren, die Dinge in seinem Unternehmen regeln und dann zu ihnen zurückkehren. Das wiederum lehnte die Mutter ab, und so kehrten alle drei nach Prag zurück – Ende August 1938.

Allerdings war am 13. März der Anschluss Österreichs an das Deutsche Reich von Hitler vollzogen worden. Die Lichtensterns wollten es nun nicht mehr riskieren, auf direktem Weg über Österreich nach Hause zu fahren und wählten den Umweg über Italien, Jugoslawien, Ungarn und die Slowakei zurück nach Prag, was nahezu eine Woche in Anspruch nahm. In der Slowakei war unterdessen die antisemitische, antitschechische, faschistische Hlinka-Garde gegründet worden, die – der deutschen SS vergleichbar – ab 1939 in der Slowakei Jagd auf Juden machen und zahlreiche Pogrome durchführen sollte. Lisas Eltern war nun klar, dass sie einen großen Fehler begangen hatten.

„Wir machten uns jetzt eigentlich keine Illusionen mehr, dass Hitler nicht noch weitergehen würde, aber wir saßen in der Falle und es war für uns praktisch unmöglich, noch in ein anderes Land auszuwandern. Die Länder sperrten sich alle ab, niemand wollte uns." Die Familie Lichtenstern versuchte es trotzdem. Der Vater rief seine Cousine in Jugoslawien an und verabredete mit ihr, dass sie Lisa dorthin schicken würden. Damit sie nicht allein wäre, sollte ihre Freundin Doris mitkommen. Zwei Wochen später standen die beiden sechzehnjährigen Mädchen auf dem Bahnhof. Als „Kapital" hatten die Eltern Lisa einen Brillantring gegeben und ihr eingeschärft, die Handschuhe nicht auszuziehen. So trug sie die ganze Fahrt von Prag nach Zagreb Handschuhe und wagte es nicht, diese abzustreifen.

Lisa hielt es nicht aus ohne die Eltern. Sie wechselten Briefe, und Lisa erfand einen Brief der Eltern, in dem diese angeblich mitteilten, die Kriegsgefahr habe sich verringert und sie könne heimkehren. Die Cousine wollte diesen Brief sehen, aber Lisa sagte ihr, er sei auf Tschechisch geschrieben und das verstehe sie doch nicht. Unterdessen hatte der Vater, Geschäftskontakte nutzend, organisiert, dass Lisa mit einem Transportflugzeug nach Schottland gebracht werden könnte. Aber sie war schon auf dem Rückweg. Zu Hause angekommen, bekam sie von ihrem Vater zum ersten Mal eine Ohrfeige. Danach waren alle Fluchtwege verschlossen.

„Ich habe mir das später immer wieder vorgeworfen. Meine Mutter hatte zwei Kinder verloren und machte sich deshalb um mich immer sehr große Sorgen, sie hat mich übermäßig behütet. Ich bin davon überzeugt, wenn ich in England gewesen wäre, hätten sie einen Weg gefunden, nachzukommen."

Zurück in Prag besuchte Lisa nicht weiter das Gymnasium, sondern die „English Grammar School", wo ausschließlich Englisch gesprochen wurde, und bekam zudem Privatunterricht bei einer Engländerin. Sie stürzte sich so intensiv auf das Studium dieser Sprache, dass sie bereits im September 1939, bevor die tschechischen Hochschulen geschlossen wurden, die Aufnahmeprüfung für Englisch an der Prager Karlsuniversität bestand.

Jozef Tiso bei einem Treffen mit Hitler in Berlin im Oktober 1941

Mindestens so unwohl wie die deutschsprachige Bevölkerung fühlten sich in der Ersten Tschechoslowakischen Republik die Slowaken. Sie empfanden sich in dem gemeinsamen Staat stets als der kleinere, in vieler Hinsicht benachteiligte Teil. Alle wichtigen Positionen in der Slowakei nahmen Tschechen ein. Und am 14. März 1939 zogen sie die Konsequenzen. Sie riefen einen eigenständigen, faschistischen und sehr antisemitischen Staat unter dem Präsidenten Jozef Tiso aus, der sich eng mit Hitlerdeutschland verbündete. Josef Goebbels vermerkte anerkennend in seinen Tagebüchern, die von dem Tiso-Regime anschließend verabschiedeten Rassengesetze seien noch besser als die deutschen. Nur einen Tag später, am 15. März 1939, besetzte die deutsche

Wehrmacht das, was von der ersten Tschechoslowaki-schen Republik übrig geblieben war, und nannte es „Protektorat Böhmen und Mähren".

Ausgrenzung, Enteignung, Verfolgung

Wir hörten auf, ein freies Land zu sein, unsere Armee wurde aufgelöst, und bei uns galten deutsche Gesetze. Und was für uns Juden besonders wichtig war: Die sogenannten Nürnberger Gesetze traten auch bei uns in Kraft. Es waren eigentlich ausschließlich Maßnahmen, die gegen die Juden gerichtet waren, es waren nur lauter Verbote."

Zunächst mussten jüdische Kinder die tschechischen Schulen verlassen – gleichgültig, ob Volksschule, Gymnasium oder Hochschule. Lisa besuchte damals die 6. Klasse des Gymnasiums.

„Wir durften keinen Sportplatz mehr betreten, kein öffentliches Schwimmbad, keine Parkanlage, kein Kino, kein Theater – wir konnten uns nicht mehr frei bewegen, nach acht Uhr abends mussten wir zu Hause sein, und wir durften die Stadt, in der wir wohnten, nicht verlassen. Jede Woche kam ein neues Verbot. Wir durften nicht mehr zu beliebigen Tageszeiten einkaufen gehen, nur zu bestimmten Zeiten." Und zu diesen Zeiten waren die meisten begehrten Artikel bereits ausverkauft. „Schließlich mussten wir einen gelben Stern auf der Kleidung annähen, auf dem das Wort »Jude« stand. Wir durften uns nicht mehr treffen mit Freunden, mit denen wir jahrelang die Schule besucht und Sport getrieben hatten – es wäre gefährlich für sie und gefährlich auch für uns geworden."

Betroffen waren natürlich nicht nur die jungen Menschen. Berufsverbote wurden erteilt. Jüdische Ärzte durften nur noch jüdische Patienten behandeln, wenn ihnen nicht gleich ihre Praxis geschlossen wurde.

Rechtsanwälte wurden aus der Kammer ausgeschlossen und waren vor Gericht nicht mehr zugelassen.

„Zu meinem Vater, der ein verhältnismäßig großes Unternehmen besaß, kam eines Tages ein Mann in SA-Uniform, er kam aus Stuttgart, und sagte: »So, ich bin jetzt Ihr Treuhänder, legen Sie alle Schlüssel, alle Bankverbindungen, alle Kontoauszüge auf den Tisch. Von jetzt an können Sie mit überhaupt nichts mehr selbst disponieren. Sie sind mein Angestellter und Sie werden das machen, was ich Ihnen sage. Ihre Hauptpflicht ist, mich mit allem bekannt zu machen, und wenn Sie das nicht tun oder etwa auf den Gedanken kommen, noch Geld abzuheben von Ihrem Konto, dann sehen wir das als unfreundlichen Akt uns gegenüber an und als Sabotage. Und was darauf steht, das können Sie sich ja vorstellen, vielleicht haben Sie schon einmal von Konzentrationslagern gehört.« Und so wurde mein Vater Angestellter in seinem eigenen Betrieb, zu einem vergleichsweise sehr geringen Gehalt. Meine Mutter, die immer mitgearbeitet hatte, durfte den Betrieb überhaupt nicht mehr betreten. So waren wir auf einmal verhältnismäßig arme Leute."

Übrigens war solchen Firmenübernahmen nur mäßiger Erfolg beschieden. Die Treuhänder waren darauf bedacht, die jüdischen Eigentümer nur so lange im Unternehmen zu belassen, bis sie glaubten, die Geschäfte selbst weiter führen zu können. Dann sollten diese ihrem Schicksal – der Gaskammer – zugeführt werden. Aber natürlich waren die Treuhänder gegenüber jenen, die die Unternehmen gegründet und zum Erfolg geführt hatten, Laien. Hinzu kam, dass die Beschäftigten in der Regel ihrem eigentlichen Chef treu ergeben waren – Antisemitismus war in Tschechien anders als in Polen oder der Slowakei kaum verbreitet und die tschechischen Juden waren so assimiliert, dass einige von ihnen überhaupt erst von den Nazis erfuhren, dass man sie den Nürnberger Gesetzen entsprechend für Juden hielt.

Natürlich gab es – und in unerfreulichem Maße – Kollaboration mit den Nazis. Der eine oder andere sah in der neuen Führung die Chance zu einem Aufstieg, der ihm bislang (zumeist zu Recht) verwehrt geblieben war. Aber das war die Ausnahme. Die meisten Tschechen verhielten sich in dieser Situation so ähnlich wie rund 640.000 ihrer Landsleute, die von den Nazis zur Zwangsarbeit verpflichtet wurden. Die Jahrgänge 1923 und 1924 waren davon in besonderem Maße betroffen. Unter ihnen galt vor allem die Parole: „Pracuji pomalu!" (Langsam arbeiten!). Die nationalsozialistischen Akten sind voll von Beschwerden vor allem über die Tschechen, und der Tenor ist immer der gleiche: Die gehorchen einfach nicht wie Deutsche, tun nicht, was man ihnen befiehlt, kommen im besseren Fall ständig mit Verbesserungsvorschlägen oder Nachfragen, im schlimmeren tun sie etwas ganz anderes. Oder sie führen wortgetreu aus, was man von ihnen verlangt hat, und damit den Befehl häufig ad absurdum (der brave Soldat Schwejk lässt grüßen!). Sabotage war weit verbreitet.

Bald waren Juden auch nur noch bestimmte Stadtteile als Wohnort gestattet, sie mussten ihre Häuser und Wohnungen anderswo verlassen und aufgeben. Aber natürlich stand in den ihnen erlaubten Stadtteilen kein entsprechender Wohnraum zur Verfügung.

„So mussten zum Beispiel in einer Vier-Zimmer-Wohnung vier Familien unterkommen – mit einem Bad, einer Toilette und einer Küche. Und natürlich wollte jeder von seinem Eigentum so viel wie möglich mitnehmen, und so glichen die Räume eher Möbellagern als irgendwie gemütlichen Zimmern."

Jeder hoffte ja, dass diese als absoluter Ausnahmezustand empfundene Situation bald ihr Ende finden und man dann nach Hause und zum Alltag zurückkehren könnte. Niemand ahnte, dass die europäischen Juden spätestens seit dem 20. Januar 1942 – dem Tag der Wannsee-Konferenz, auf dem die Organisation der Vernichtung der europäischen Juden von hohen Nazi-Führern beschlossen wurde – zum Tode bestimmt waren. Die Leitung des ganzen Prozesses sollte vom Reichssicherheitshauptamt unter der Führung von Reinhard Heydrich koordiniert werden. Es wird in der Geschichtsschreibung zu wenig gewürdigt, dass es Tschechen waren, die diesen Henker aus dem Verkehr gezogen haben. Josef Gabčík und Jan Kubiš gelang am 27. Mai 1942 das einzige erfolgreiche Attentat gegen einen hohen Repräsentanten des NS-Regimes. Heydrich starb an den Folgen am 4. Juni. Aber die Tschechen haben einen außerordentlich hohen Preis dafür gezahlt. Die Ortschaften Lidice und Ležaky, die mit den Attentätern in Verbindung gebracht werden konnten, wurden dem Erdboden gleichgemacht, die männlichen Einwohner erschossen, die Frauen und Kinder verschleppt oder ebenfalls ermordet. Über 1.300 Tschechen bezahlten als angebliche Sympathisanten der Attentäter mit ihrem Leben. Und leider wurde der Holocaust durch Heydrichs Tod weder aufgehalten noch verhindert.

Lisa versuchte in dieser für Familie Lichtenstern auch materiell zunehmend bedrohlichen Situation, ihren Eltern zu helfen, indem sie durch die Erteilung von Nachhilfestunden etwas hinzuverdiente.

„Ich begann, Kinder in Englisch zu unterrichten, aber ich konnte von ihnen nicht viel Geld verlangen, denn ihre Eltern waren ja ungefähr in der gleichen Lage wie meine und konnten nicht viel zahlen. Wir dachten damals oft, Schlimmeres kann jetzt nicht mehr passieren – aber es wurde immer schlimmer. Wir mussten unsere Haustiere abgeben. Wir durften keinen Hund, nicht einmal einen Kanarienvogel behalten. Wir mussten Schreibmaschinen, Radiogeräte, Grammophone, Fahrräder, Pelze, Schmuck abgeben – alles, was nur irgendwie einen Wert hatte. Dies geschah immer unter der Androhung, wenn dieses Verbot nicht befolgt würde, stünden darauf die schwersten Strafen: Konzentrationslager. Was ein Konzentrationslager ist, wussten wir von Emigranten, die erzählten uns das, aber es waren nur wenige Lager bekannt, wie Dachau oder Buchenwald, mehr hörten wir nie und mehr wussten wir nicht."

Ich habe zur Einleitung von Zeitzeugengesprächen gelegentlich in Schulklassen die Frage gestellt: „Wer von euch ist evangelisch (oder katholisch, je nach Bundesland) und hat einen Hund?" Stets meldeten sich einige Schüler, und ich ließ sie von ihren Hunden erzählen. Dann fuhr ich fort: „Stellt euch vor, in eurem Bundesland kommt nach Wahlen eine merkwürdige Regierung an die Macht. Zu ihren ersten Maßnahmen gehört: Wer evangelisch ist, darf keinen Hund haben. Er muss auf der Gemeinde abgegeben werden und wird entweder weitervermittelt oder eingeschläfert." Ungläubiges Staunen war die Reaktion in den Reihen der Schüler. „Und stellt euch weiter vor: Bald danach folgt ein Erlass, wonach wer evangelisch ist, auch keinen Computer und kein Handy haben darf. Auch diese müssen auf der Gemeinde abgegeben werden, wo man sie meistbietend versteigern wird." Das ungläubige Staunen wich dann blankem Entsetzen. Handys und Computer sind heutzutage offensichtlich wichtiger als Hunde. „Ziemlich genau das ist vor rund siebzig Jahren Lisa Miková passiert, die heute euer Gast ist. Nicht weil sie evangelischen, sondern weil sie jüdischen Glaubens ist. Und wie das weiterging, erzählt sie euch jetzt selbst."

Das „Protektorat Böhmen und Mähren" sollte so schnell wie möglich „judenrein" gemacht werden. Lisa erinnert sich: „So wurden zuerst einmal fünf Transporte zusammengestellt, zu je tausend Personen, Kranke, Kinder, Schwangere, Alte – es war ganz egal. Und diese fünftausend Menschen wurden nach Polen gebracht, das inzwischen ja auch nicht mehr ein freier Staat war, sondern als »Generalgouvernement« zum Deutschen Reich gehörte. Dorthin wurden sie alle in das Ghetto von »Litzmannstadt« (so nannten es die Nazis nach dem NSDAP-Politiker Karl Litzmann) in der polnischen Stadt Łódź gebracht. Von diesen 5.000 Menschen sind nach dem Krieg etwa 120 zurückgekommen. Alle anderen wurden entweder dort oder in den Gaskammern von Auschwitz ermordet. Wir wären vermutlich unter ihnen gewesen, aber vorläufig war der Treuhänder auf meinen Vater angewiesen.

5.000 Menschen war aber viel zu wenig, und so suchte man nach einem Ort, wo man Juden konzentrieren konnte, und die Wahl fiel auf Theresienstadt. Das ist eine alte Festungsstadt aus dem österreichisch-ungarischen Kaiserreich, umgeben von Mauern und Gräben, am Fluss Eger gelegen. In dieser Festungsstadt gab es viele große Kasernen, die leer standen, nachdem die tschechische Armee aufgelöst worden war. Das war der geeignete Ort, um so viel wie möglich Menschen zu konzentrieren. Es wurden wieder Transporte zusammengestellt, meistens 1.000 Personen. Vorher schickte man eine Gruppe von 342 Männern nach Theresienstadt: Ingenieure, Ärzte, Handwerker, die dort diese Kasernen und die Stadt vorbereiten sollten auf die Ankunft von vielen Tausend Menschen. Aber man ließ ihnen nicht genug Zeit. Sie waren vierzehn Tage dort, und schon kamen die ersten Transporte."

Den Mitgliedern dieses Ende November 1941 nach Theresienstadt geschickten sogenannten „Aufbaukommandos" hatte man versprochen, sich frei bewegen und an Wochenenden ihre Familien besuchen zu dürfen. Tatsächlich aber waren sie die ersten Häftlinge. Auch das Versprechen, sie und ihre nächsten Verwandten würden von weiteren Transporten verschont bleiben, war eine Lüge.

Einer von ihnen war František Mauthner. Ende 1941 waren bereits mehr als 8.000 Gefangene in Theresienstadt – mehr Menschen, als ursprünglich in dem Ort gelebt hatten.

Deportation nach Theresienstadt

Meine Familie blieb vorläufig von den Transporten verschont, weil der Treuhänder meinen Vater noch brauchte. Aber Ende des Jahres 1941 glaubte er, nun alles zu wissen und alles beschlagnahmt zu haben, und er stellte meinen Vater zur Verfügung. So kamen wir bereits im Januar 1942 in den ersten Transport, der nach Theresienstadt ging. In den Transport zu gehen bedeutete, zu Hause alles stehen und liegen zu lassen wie es war, und man durfte nur fünfzig Kilo mitnehmen. Inbegriffen in diesen fünfzig Kilo waren eine Bettdecke und ein Kissen und sonst eben, was jeder tragen konnte. Man packte alles in Rucksäcke, weniger in Koffer. Man zog sich so viel Kleidung an, wie man nur irgendwie anziehen konnte. Vielleicht nahm jeder ein Buch mit, das er besonders gerne hatte, vielleicht einen Bleistift, ein Heft – und sonst musste man alles zurücklassen."

50 Kilo – das war natürlich eine rein theoretische Zahl. Ein großer Sack Zement wiegt fünfzig Kilo, und ein kräftiger, erwachsener Mann kann ihn vielleicht einige Meter weit transportieren. Ein solches Gewicht auf eine lange Reise mitzunehmen schafften auch kräftige Männer nicht – von Frauen und Kindern ganz zu schweigen.

„Ein altes Messegelände in Prag wurde dazu bestimmt, die Leute dort zu sammeln. Jeder bekam eine Nummer zugewiesen und wir hörten auf, Menschen mit Namen zu sein. Für die Nazis waren wir nicht einmal mehr Menschen, wir waren nur noch Nummern. Ich hatte die Nummer V 131, meine Eltern 130 und 132."

In wie grausamer Weise dieser Befund der Wahrheit entsprach, verdeutlicht eine Begebenheit, von der mir Josef Salomonovič im Jahr 2012 berichtete. Um sie begreiflich zu machen, muss ich in groben Zügen das Schicksal der Familie Salomonovič schildern. Ich habe auch mit den Brüdern Salomonovič, Michal und Josef, viele Zeitzeugengespräche erlebt. Die Familie stammt aus dem nordmährischen Ostrava. Sie befand sich unter den 5.000 Tschechen, die zwischen dem 16. Oktober und 3. November 1941 ins Ghetto „Litzmannstadt" – Łódź deportiert wurden. Weitere Stationen in der Holocaust-Odyssee der Familie waren Auschwitz, Stutthof und Dresden, wo sie als Häftlinge die Bombardierung im Februar 1945 miterlebten. Diese Bombardierung rettete dem kleinen Josef das Leben. Bislang war es seiner Mutter stets gelungen, ihn vor den NS-Schergen zu verstecken. Am 12. Februar 1945 wurde er entdeckt und sollte am nächsten Tag ermordet werden.

Auf einem 250 Kilometer langen Todesmarsch Richtung Westböhmen gelang der Mutter mit ihren beiden Söhnen schließlich die Flucht. Der Vater war jedoch zuvor im KZ Stutthof ermordet worden. Ein SS-Mann sagte den Häftlingen, man habe Medikamente und Vitamine von der Firma Bayer in Leverkusen erhalten. Wer sich schlecht fühle, solle sich melden. Vater Salomonovič tat dies in der Hoffnung, Vitamine für seine kleinen Jungen zu erhalten – Michal war bei Kriegsende zwölf, Josef sechs Jahre alt. Alle, die sich meldeten, wurden durch eine Phenolspritze ins Herz umgebracht.

Josef Salomonovič lebt heute in Wien. In den neunziger Jahren saß er abends mit Berufskollegen beim „Heurigen" – man sprach ordentlich dem Wein zu. Mit steigendem Alkoholspiegel lockerten sich die Zungen, und die älteren Kollegen kamen auf die Zeit des Zweiten Weltkriegs zu sprechen. Einer berichtete: „Stellt euch vor, ich wurde gegen Kriegsende sogar noch als Wachmann in einem KZ eingesetzt!" Josef fragte, wo das denn war. „Das wirst Du nicht kennen, das war in Polen, ganz nahe an der Ostseeküste. Stutthof. Ich sage euch, es war kaum auszuhalten dort! Immer pfiff ein eisiger Wind, und wir haben auf unseren Wachtürmen gefroren wie die Schneider!" – „Aber ihr hattet doch sicher warme Kleidung: Wintermäntel, Handschuhe, Pelzmützen, Stiefel ... ?" – „Klar, aber es war trotzdem vollkommen unerträglich!" – „Und nach zwei Stunden wurdet ihr doch abgelöst und konntet euch am warmen Ofen mit einem heißen Tee aufwärmen?" fragte Josef vorsichtig weiter. „Ja sicher. Aber es war trotzdem immer entsetzlich kalt dort und einfach unerträglich!" – „Und die Menschen, die ihr bewacht habt – hatten die denn auch Wintermäntel, Handschuhe, Pelzmützen, Stiefel, warme Öfchen und heißen Tee?" fragte Josef nach. „Menschen? Da waren keine Menschen." – „Wie? Wen habt ihr denn dann bewacht?" – „Da waren keine Menschen. Da waren nur Juden."

Lisa berichtet weiter vom Transport nach Theresienstadt. Sie kam dort an ihrem 20. Geburtstag, am 31. Januar 1942 an. „Und so fuhren wir mit der Straßenbahn im letzten Wagen auf der letzten Plattform – anderswohin durften Juden nicht – zum Messegelände. Wir kamen in einen riesigen Raum, es war dort eiskalt. Am Boden lagen einige schmutzige Matratzen und Strohsäcke. Dort brachten wir die nächsten zwei Tage zu. Wir mussten alles abgeben, was wir noch hatten an Wertsachen – vor allem mussten wir die Wohnungsschlüssel abgeben. Somit hatten wir kein Heim und nichts mehr.

Schließlich wurden wir in einen Zug verladen und fuhren nach Theresienstadt, das ungefähr sechzig Kilometer von Prag entfernt ist, aber nicht an der Bahnstrecke lag. Also wurden wir vier Kilometer vor Theresienstadt ausgeladen und beluden uns mit unseren Rucksäcken und Koffern. Unter Bewachung von SS und tschechischer Gendarmerie, das war Feldpolizei, gingen wir die vier Kilometer zu Fuß.

Als wir die Stadt erreichten, kam der erste weitere Schock: Männer durften nicht zusammen mit Frauen in den Kasernen wohnen, es gab Frauenkasernen und Männerkasernen. Mein Vater wurde irgendwohin geschickt, wir wussten nicht wohin, und ich kam mit meiner Mutter in eine andere Kaserne, die sogenannte Hamburger Kaserne. Wir wurden in großen Mannschaftsräumen untergebracht, die standen leer, auf der Erde waren wieder nur Matratzen oder Strohsäcke, immer für dreißig Personen in einem Raum. Es war dort kein Tisch, kein Stuhl, kein Nagel an der Wand – nichts. Wir legten unsere Rucksäcke irgendwie zusammen und die Matratzen darauf und so konnten wir uns wenigstens setzen. In der Ecke stand ein kleiner Ofen mit einem Eimer Kohle, und geheizt werden konnte, wie man sich einigte – entweder früh, mittags oder abends. Mehr Kohlen bekam man nicht.

Gekocht wurde in großen Küchen, in jeder Kaserne war eine Riesenküche. Das Essen war alles andere als gut, aber nicht deswegen, weil die Köche irgendwie schlecht waren, sondern weil die Zuteilung für uns Juden minimal war – erstens an Menge und zweitens auch an Qualität. Es war kalt, deshalb waren die Kartoffeln oder die

Bis hierhin – unmittelbar vor der „Schleuse", der Hamburger Kaserne – wurden von Häftlingen später die Gleise verlängert. Es erregte zu viel Aufsehen, wenn ständig tausende Menschen vom Bahnhof in Bohušovice zu Fuß nach Theresienstadt gingen – und in die umgekehrte Richtung.

Rüben, die wir bekamen, angefroren. Wir bekamen früh so eine braune Brühe als »Kaffee«, mittags ein paar Kartoffeln mit einer Soße – undefinierbar – und abends eine Suppe. Und zweimal in der Woche erhielten wir Brot, manchmal war es schimmlig, dann legten wir es in Scheiben auf den Ofen, damit der Schimmel heruntergekratzt werden konnte. Manchmal bekamen wir einmal in der Woche einen Löffel Marmelade oder Zucker, ein kleines Stückchen Margarine oder ein kleines Stückchen Wurst.

Am Anfang haben wir den Hunger nicht empfunden – erstens waren wir noch satt von zu Hause, und der Schock, den wir da erlitten, war zu groß. Aber mit der Zeit hatten wir natürlich Hunger, großen Hunger. Es haben in Theresienstadt immer alle sehr an Hunger gelitten, besonders natürlich die Kinder und die älteren Menschen.

Theresienstadt hatte ein anderes Statut als andere Konzentrationslager – man kann es nicht vergleichen mit den anderen Lagern. Es war eigentlich nur ein Durchgangsort, wo Menschen gesammelt und dann wieder weiter geschickt wurden."

Theresienstadt hatte im Holocaust drei Funktionen: erstens Sammellager für die tschechischen Juden auf dem Weg in die Vernichtungslager, zweitens Altersghetto für Juden aus den von der deutschen Wehrmacht besetzten Ländern. Hier verhielten sich die Nazis besonders perfide: Wohlhabenden Juden wurde – für eine Million Reichsmark – ein so genannter „Heimeinkaufsvertrag" für das „Kurbad Theresienstadt" angeboten. Diese Menschen reisten nach Theresienstadt in der ihnen vertraglich zugesicherten Erwartung, ein Zimmer mit Seeblick zu erhalten. Manche hatten im Ersten Weltkrieg für das

Deutsche Reich gekämpft. Was sie in Theresienstadt, in der „Schleuse" genannten Hamburger Kaserne erwartete, hat Jana Renée Friesová wie folgt beschrieben:

„Noch heute spüre ich das gespenstische Gefühl dieser ersten Stunden nach der Ankunft. Ich hatte ein Gefühl, als ob mich dies nichts angehen würde, wie meine elegante Mutter und mein guter Vater über eine schräge, rutschige Fläche in einen riesigen Raum gingen, vielleicht ein früherer Pferdestall, und über eine Holzrinne stolperten, von der die aufwärts führende Fläche unterbrochen wurde. Die Rinnen wurden nützlich. Sie verhinderten, daß wir unter der Last des Gepäcks ausrutschten. Unter den Füßen floß nämlich eine gelbbraune, schmutzige und stinkende Flüssigkeit. Was da unter den Füßen floß und da und dort auch gefror, waren Urin und die menschlichen Sekrete derer, die sich aus Schwäche oder Krankheit nicht von den Strohsäcken erheben konnten, um zur Latrine in der Mitte des Kasernenhofes zu gehen." (Jana Renée Friesová: Festung meiner Jugend, Dresden/Prag 2004, S. 90)

Vor Ort angekommen, verloren nicht wenige dieser „Kurgäste" im Anblick der sie erwartenden Realität buchstäblich den Verstand. Einige sollen ausgerufen haben: „Wenn das unser Führer wüsste!" Sie landeten sehr bald in der Kavalierskaserne, wo die Geisteskranken untergebracht wurden, und starben nach wenigen Wochen.

Drittens versuchte die SS den Umstand, dass der Ort äußerlich gar nicht einem Konzentrationslager glich, zu Propagandazwecken zu nutzen – vor allem, als das Internationale Rote Kreuz verlangte, einen Kontrollbesuch in einem deutschen Konzentrationslager zu unternehmen. Die SS ließ später dort einen „Dokumentarfilm" drehen, der ebenfalls dazu dienen sollte, über die grausame Realität hinwegzutäuschen. Davon wird in der Folge noch die Rede sein.

„Das Lager hatte eine Art Selbstverwaltung, einen sogenannten Ältestenrat, den die SS bestimmte. Das ganze Lager stand unter dem Kommando der SS, am Anfang unter Hauptsturmführer Seidl, der sehr brutal und gemein war. Er versuchte, den Menschen das Leben, das unter diesen Bedingungen schwer genug war, noch schwerer zu machen. Am Anfang war noch die tschechische Bevölkerung in Theresienstadt. Ein Kontakt zu ihr war unter Todesstrafe verboten. Diese Strafen waren sehr ernst zu nehmen. Zweimal wurden, im Januar und im Februar 1942, in Theresienstadt Menschen wegen geringster Vergehen erhängt – etwa weil jemand einen Brief in einen Briefkasten geworfen hatte, um eine Nachricht an Verwandte zu schicken, oder weil ein SS-Mann jemanden erwischt hatte, der eine Zigarette rauchte. Juden durften keine Zigaretten bekommen, keinen Tabak, nichts. Ein siebzehnjähriger Junge rauchte und wurde deshalb aufgehängt. Also Herr Seidl zeigte, wozu er fähig war.

Die Menschen mussten alle arbeiten, zu Arbeit ging man in Kolonnen. Solange die tschechische Bevölkerung noch da war, durften Einzelpersonen die Kasernen nur mit besonderer Genehmigung verlassen. In der Magdeburger Kaserne war die Verwaltung untergebracht, und ich arbeitete in dieser Kaserne im technischen Büro als Zeichnerin. Das war natürlich ein Vorteil – ich konnte wenigstens eine Zeit lang am Tag in der Wärme sitzen. Ich durfte mich nur von dieser Kaserne zu jener bewegen, in der ich untergebracht war – das war sehr streng.

Der Innenhof der Magdeburger Kaserne. Sie gehört zu den wenigen renovierten Kasernen und beherbergt heute Museums- und Ausstellungsräume, Unterkunftsmöglichkeiten für Besuchergruppen, sowie Seminar- und Büroräume.

Nach Theresienstadt kamen immer mehr und mehr Transporte. So viele Menschen fanden dort nicht Platz – es ist eine kleine Stadt, die ungefähr 7.000 Einwohner hatte. Und plötzlich waren dort 30-, 40.000 und noch mehr Menschen."

Im Herbst 1942 waren mehr als 60.000 Häftlinge dort – die Stadt glich einem Ameisenhaufen. Die Menschen „wohnten" in Kellern und auf Dachböden, jeder Raum wurde irgendwie genutzt, manche vegetierten in Hauseingängen.

Die Hamburger Kaserne, in der Lisa mit ihrer Mutter untergebracht war. Gleichzeitig diente dieses Gebäude damals als „Schleuse“: Alle ankommenden und abgehenden Transporte hatten hier ihre erste beziehungsweise ihre letzte Station in Theresienstadt. Heute sind hier Teile des Tschechischen Staatsarchivs untergebracht.

„Also mussten wieder Menschen von dort weggehen. Wenn man sich dort endlich irgendwie eingerichtet und an das alles gewöhnt hatte, wurde man wieder in einen Transport einberufen, und es gingen wieder meistens je 1.000 Menschen weg von Theresienstadt nach dem Osten. Wir wussten wirklich nicht, wohin. Also man kannte keine konkreten Namen. Wir hatten so eine Ahnung, dass das nach Polen ging, vielleicht noch weiter, aber mehr nicht. Den Namen Auschwitz haben wir nie vorher gehört – erst, als wir alle dort landeten.“

*Die meisten Kasernen befinden sich heute in einem der-
artigen Zustand*

Etwa 155.000 Menschen waren von 1941 bis 1945 als
Häftlinge in Theresienstadt. 35.000 starben dort, an
Hunger und Kälte, an den sich unter den dortigen hygienischen Bedingungen in rasender Geschwindigkeit
ausbreitenden Krankheiten, vor allem Typhus. 88.000
wurden weiter deportiert – vor allem nach Auschwitz.
Nur etwa 8.000 von ihnen haben überlebt. Die Todesra-
te unter den Häftlingen des Konzentrationslagers Theresienstadt war höher als jene in Buchenwald.

„Ich lernte in Theresienstadt meinen Mann kennen, im
technischen Büro, und wir heirateten dort auch, das war
eine rein formale Angelegenheit: Mein Name wurde auf
seine Karteikarte eingetragen. Ich wohnte weiter mit

meiner Mutter in der Frauenkaserne und er in der Kaserne, wo die Verwaltung war, aber wir dachten, wenn wir in einen Transport eingereiht würden, dass wir dann wenigstens zusammen gehen könnten und nicht auseinandergerissen würden. Das haben wir gedacht – gekommen ist alles ganz anders.

Außenmauer der Sudetenkaserne, in der im November 1941 das so genannte „Aufbaukommando" AK 1 zunächst untergebracht war, zu dem František Mauthner gehörte

Das Leben in Theresienstadt änderte sich radikal, als die tschechische Bevölkerung im Juni 1942 ausgesiedelt wurde. Die Häuser konnten nun auch genutzt werden, und damit man noch viel mehr Menschen unterbringen konnte, wurden in allen Kasernen und in allen Häusern

Stockbetten eingerichtet, so dass in Räumen, in denen früher sagen wir dreißig Menschen auf der Erde schliefen, nun mit den dreistöckigen Betten sechzig bis siebzig Personen in einem Raum schlafen konnten. Unter welchen hygienischen Umständen kann man sich vorstellen. Es gab Waschräume, in denen aber natürlich nur kaltes Wasser floss, und die sanitären Anlagen waren ungenügend. Es gab zwar ein kleines Krankenhaus, aber es gab keine Medikamente, man konnte nur die allerprimitivsten Operationen durchführen, wenn sie unbedingt sein mussten, und ein Aspirin war etwas, das man fast mit Gold hätte aufwiegen können – wenn man Gold gehabt hätte... Die Währung in Theresienstadt war Brot. Brot war Mangelware. Wenn man etwas Brot gespart hatte, dann war es vielleicht möglich, ein Aspirin oder irgendein schmerzstillendes Mittel zu bekommen, das jemand noch von zu Hause mitgebracht hatte, aber sonst war das gar nicht möglich. Die Ärzte selbst hatten überhaupt nichts. Die alten Leute starben sehr schnell, weil sie sich diesen Umständen nicht anpassen konnten. Es kamen dann auch noch, als das Protektorat schon »judenrein« war, Transporte aus Österreich, Holland, Belgien – eben aus Ländern, die von Deutschland besetzt wurden. Immer wieder kamen Transporte und gingen Transporte weg, es war ein ständiges Kommen und Gehen. Wenn jemand mit einem Transport wegging, war er weg, und man hat nie wieder von ihm gehört.“

Deportation der Eltern nach Auschwitz

Im September 1943 kamen meine Eltern in so einen Transport, und wir wollten uns mit ihnen freiwillig melden, weil ich das so mit meinem Mann vereinbart hatte. Aber mein Vater hat das vollkommen abgelehnt. Er hat gesagt:»Ihr seid jung, euch gehört die Welt, die Zukunft. Wir wissen nicht, was mit uns passiert. Wenn wir Glück haben, treffen wir uns in Prag nach dem Krieg.« Wir hatten eine Adresse in Prag vereinbart, weil mein Vater eine Schwester in Mischehe hatte, und so dachten wir, dass wir uns dort alle wieder treffen könnten. Meine Eltern fuhren weg, und ich blieb mit 21 Jahren allein mit meinem Mann und seiner Mutter in Theresienstadt."

Der Transport mit Lisas Eltern ging nach Auschwitz, in das sogenannte „Theresienstädter Familienlager". In den Begleitunterlagen zu den Septembertransporten und zweier folgender Transporte im Dezember 1943 war vermerkt: „SB mit sechsmonatiger Quarantäne". Die Ermordung (SB = „Sonderbehandlung" bedeutete in der verschleiernden Sprache der SS-Bürokratie Ermordung) war also von vornherein geplant. Am 9. März 1944 wurden 3.791 dieser Häftlinge aus Theresienstadt in den Gaskammern ermordet, darunter Lisas Eltern. Am 11. und 12. Juli traf dieses Schicksal die verbliebenen etwa 6.500 Häftlinge. Vorausgegangen war eine Selektion, bei der über 3.000 noch arbeitsfähige Frauen und Männer ausgewählt und in andere Konzentrationslager überstellt wurden.

Theresienstadt in der NS-Propaganda

Viele der im März 1944 in Auschwitz Ermordeten wurden zuvor gezwungen, vordatierte Postkarten an ihre Angehörigen zu schreiben. Diese Postkarten erreichten Theresienstadt nach ihrem Tod und sollten den Eindruck hervorrufen, die Deportierten seien noch am Leben und es gehe ihnen den Umständen entsprechend gut. Möglicherweise steht diese Aktion – wie die Einrichtung des Familienlagers in Auschwitz insgesamt – im Zusammenhang mit von der SS durchgeführten Propagandamaßnahmen, welche die Weltöffentlichkeit wenigstens vorläufig über die Realität des Holocausts hinwegtäuschen sollten.

Dazu gehörte der Besuch einer Kommission des Internationalen Roten Kreuzes im Juni 1944. Die Nazis inszenierten „ein großangelegtes Täuschungsmanöver. Mit einer Verschönerungsaktion wurde die Stadt" – auf der Strecke, die der Kommission gezeigt wurde – „als Kurort hergerichtet. Der Film *Der Führer schenkt den Juden eine Stadt"* – so nannten ihn sarkastisch die Häftlinge, sein eigentlicher Titel war *Aus dem jüdischen Siedlungsgebiet* – „den Kurt Gerron unter der Anleitung und Kontrolle der SS drehen mußte, ist ein Dokument dieser Täuschung. Spätere Recherchen haben ergeben, daß sich die Kommission unter der Leitung des Schweizers Maurice Rossel allzu leicht hat täuschen lassen. Weitere Kontrollen wurden nicht durchgeführt und so nahm die Katastrophe ihren Lauf." (Jana Renée Friesová: Festung meiner Jugend, Dresden/Prag 2004. Zitate aus dem Vorwort von Helmut Köser, S. 9). Der Besuch der Kommission war – das kann man nicht anders sagen – von Seiten des Roten Kreuzes dilettantisch. Die Wahl des zu besuchenden Lagers wurde den Nazis überlassen und fiel aus nachvollziehbaren Gründen auf Theresienstadt – ein Konzentrationslager ohne Baracken, Wachtürme, Stacheldraht, das mit einem gewissen Aufwand so hergerichtet werden konnte, dass es wie eine gewöhnliche Stadt erschien. Die Straßen, die in Theresienstadt eigentlich mit Buchstaben und Zahlen bezeichnet waren („L 410") erhielten hübsche Namen wie „Brunnengasse". Aus den Schaufenstern der ehemaligen Geschäfte am Marktplatz wurden die mehrstöckigen Betten entfernt und scheinbare Läden eingerichtet – in denen die Häftlinge natürlich nichts kaufen konnten. Sogar ein Kaffeehaus, Spielplätze für Kinder und ein Pavillon für Konzerte entstanden entlang des Weges, den die Kommission dann durch die Stadt nahm. Die Fassaden wurden gestrichen. Und zur Vorbereitung – zu der man den Nazis ein Jahr Zeit ließ – wurden in den Wochen zuvor Tausende jener Häftlinge deportiert, die bereits in einem sichtbar schlechten Zustand waren. Die meisten anderen wurden für die Zeit des Besuchs in die Kasernen eingesperrt, und niemand hatte auch nur die geringste Chance, sich der Kommission zu nähern. Ein Potemkin'sches Dorf. Maurice Rossel ließ sich täuschen und verfasste einen wohlwollenden Bericht. Das ist vielleicht noch nachvollziehbar. Nicht entschuldbar ist, dass Rossel seine Meinung auch Jahrzehnte später nicht geändert hatte (Als Maurice Rossel zu reden begann; „Auch heute würde ich ihn unterschreiben..."; Theresienstädter Studien und Dokumente 7, 2000).

„Ich arbeitete nicht mehr im technischen Büro, sondern in der Landwirtschaft. Die Arbeit war schwer. Wir waren daran nicht gewöhnt. Es war nicht daran zu denken, dass wir irgendwelche Gummistiefel oder Arbeitshandschuhe bekamen, an so etwas war überhaupt nicht zu denken. Wir teilten Handtücher, und aus denen nähten wir uns Arbeitshosen, das war alles, was wir hatten.

Was in der Welt vor sich ging, wussten wir zum Großteil nicht. Es sickerten ab und zu irgendwelche Nachrichten durch, aber man wusste nie, ob das nur ein frommer Wunschtraum war oder Wirklichkeit: dass die amerikanische Armee gelandet ist in Frankreich oder wie es auf dem Kriegsschauplatz in Russland aussah. Bei solchen Nachrichten sagten wir uns dann: Zu Weihnachten sind wir bestimmt schon wieder zu Hause. Und an Weihnachten dachten wir: Zu Ostern sind wir sicher zurück zu Hause. Es war leider alles nicht so, und es dauerte sehr, sehr lange, bis es soweit war."

Zufälle entschieden über Leben und Tod

Über das Überleben entschieden oft unscheinbare Zufälle. Michaela Vidláková, geborene Lauscher, war von Dezember 1942 bis zum Kriegsende Häftling in Theresienstadt. Ihr Vater war bereits in der Hamburger Kaserne, der „Schleuse", eingereiht in einen Transport nach Auschwitz. In der Nacht zerstörte ein Unwetter das Dach einer für die Nazis kriegswichtigen Produktionsstätte in der Stadt. Es sollte sofort instandgesetzt werden. Aber alle dazu geeigneten Handwerker befanden sich bereits in der „Schleuse". Michaelas Vater Jiří Lauscher meldete sich freiwillig, um bei der Reparatur zu helfen. Als er in die „Schleuse" zurückkehrte, war der Transport bereits abgefahren. Er blieb und überlebte in Theresienstadt.

Die gebürtige Slowakin Erika Bezdíčková, eine Rundfunkjournalistin, die heute in Brno/Brünn lebt, ging auch durch Auschwitz. Sie erinnert sich an einen Appell. Sie stand in der vorletzten Reihe. Hinter ihr stand eine Freundin. Es war November, es wehte ein eisiger Wind, man stand stundenlang. Irgendwann sprach ihre Freundin sie an: „Erika, können wir nicht die Plätze tauschen? Hier hinten ist man dem Wind vollkommen ungeschützt ausgesetzt, ich bin völlig durchgefroren und halte das nicht mehr lange aus!" So geschah es, die Freundinnen tauschten die Plätze. An diesem Tag schickte die SS jede zweite Reihe in die Gaskammern. Auch die vorletzte...

Flucht war nahezu unmöglich. Die Häftlinge wurden rund um die Uhr von schwer bewaffneten SS-Leuten bewacht. Michal Salomonovič erinnert sich, dass selbst im völligen Chaos, das die Bombardierung Dresdens verursachte, die SS die 500 jüdischen Häftlinge, zu denen er, seine Mutter und sein Bruder gehörten, keine Sekunde aus den Augen gelassen hat.

Michal Salomonovič und Erika Bezdíčková

Diese Appelle waren in dieser Form nicht notwendig, um den Überblick über die Zahl der Häftlinge zu behalten. Die Nazis haben penibel über alles Buch geführt, auch über ihre schlimmsten Verbrechen. Jeder Eingang, jeder Todesfall wurde auf Karteikarten registriert. Um einen vergasten Häftling aus der Kartei zu löschen, stand dann dort „Herzversagen". Selbstverständlich wusste die SS deshalb in der Regel über die Zahl der Häftlinge genau Bescheid. Die Appelle dienten nicht der Zählung der Häftlinge, sie waren ein Instrument des Terrors. „Manche Appelle dauerten bis zu 72 Stunden und hatten keinerlei Sinn, außer die Häftlinge zu terrorisieren", (Gedenkstätte Buchenwald www.buchenwald.de/537/).

Wahrscheinlich war es genau das, was die die SS-Kommandantur im November 1943 dazu veranlasste, alle Häftlinge des KZs Theresienstadt zu einem Zählappell einzuberufen. Es war eine unglaubliche Tortur. Die Betreuerinnen des Mädchenheims (L 410 am Marktplatz) versuchten, den Kindern und Jugendlichen die Verarbeitung des Traumas zu erleichtern, indem sie sie aufforderten, ihre Erlebnisse in Aufsatzform niederzuschreiben. Die Erinnerungen der damals vierzehnjährigen Raja Engländerová seien hier wiedergegeben:

„17. November 1943! Fünf Uhr früh! Wir stehen auf dem Hof unseres Mädchenheimes und frieren. Es nieselt, ein unangenehmer Herbsttag, fast dunkel. Der kalte Wind weht uns Regentropfen ins Gesicht. Wir warten, bis wir an die Reihe kommen, uns an die lange Menschenschlange anzuschließen, die auf beiden Seiten von Soldaten bewacht wird. Wir gehen ins Ungewisse, angeblich zur Zählung. Endlich öffnet sich das Tor, und wir gehen hinaus. Neben mir marschiert ein Soldat mit unbeweglichem Gesicht und aufgepflanztem Bajonett. Nur ein Schritt aus der Reihe und... Wir nähern uns dem großen, schwarzen Tor, durch das wir vor zwei Jahren hierher gekommen sind. Darüber die Aufschrift: »Arbeit macht frei«. Das Tor fliegt auf. Der Weg ist frei. Wohin? Mit kindlicher Freude liebkosen unsere Blicke die weite Landschaft, die Felder, in der Ferne den Wald und ein kleines Dorf, und wir denken nicht daran, dass dieser Weg vielleicht unser letzter ist. »In dem schönen Land, in dem geliebten Land?« lauten die Worte von

Karel Hynek Mácha (der wichtigste Dichter der Romantik in Böhmen, W. I.), die wir vor einigen Tagen in der Unterkunft rezitiert haben. »In dem schönen Land, in dem geliebten Land« ist mit schneidender Ironie in das steinerne Gesicht des Soldaten eingeschrieben. Ich sehe in ihm geschrieben: »Wir begraben euch in ihm, schon bald, ihr müßt nicht mehr lange warten!« Der Weg vor uns windet sich wie eine Schlange, und die schwarzen Schatten gehen und gehen.

Wir kommen auf eine große Wiese, eher eine riesige grasige Vertiefung, wie geschaffen, um 30.000 Menschen zu beseitigen. Sie kommandieren uns hin und her, bis wir in unendlich langen Reihen stehen, angeblich, damit sie besser zählen können. SS-Männer gehen mit Stöcken in der Hand zwischen uns und zählen. Gelegentlich schlagen sie jemanden ins Gesicht oder werfen einen anderen nieder. Dann verschwinden sie. Über unseren Köpfen erscheint ein großes, silbernes Flugzeug. Es fliegt niedrig, ständig im Kreis herum. Wir sehen deutlich das Hakenkreuz. Wacht es? Bewacht es uns, 30.000 wehrlose, umzingelte Menschen, meist Frauen und Kinder, Alte und Kranke? Die Männer wurden doch in den Transporten in »Arbeitslager« vor einigen Wochen verschleppt.

Was bedeutet die Umzingelung mit Reihen von Soldaten mit Maschinengewehren?

Es ist schon zwölf Uhr. Mittag. Nichts geschieht. Wir versuchen, den älteren Leuten Mut zuzusprechen, leise singen wir und erzählen Verschiedenes, und mit allen Kräften kämpfen wir zusammen mit unseren Betreuerinnen gegen die wachsende Hoffnungslosigkeit an. Im Laufe des Nachmittags geht von Zeit zu Zeit ein aufgeblasener Geck in grüner Uniform durch unsere Reihen, schlägt mit dem Stock hier einen, dort einen, dann schweigt wieder alles. Nur der Lärm des kreisenden Flugzeugs ist über uns. Wir haben Hunger. Es ist fünf, sechs, sieben Uhr abends. Acht, neun, zehn. Es regnet wieder mehr. Das Flugzeug kreist unaufhörlich, unbarmherzig. Aller Nerven sind zum Zerreißen gespannt. Manchmal ein Schrei über einen, der hinfällt, auch kleine Streitigkeiten aus Verzweiflung. Was werden sie mit uns machen? Niemand weiß es, uns bleibt nichts übrig, als zu warten. Kleine Kinder weinen vor Hunger und Kälte, wir bemühen uns, daß die, die ohnmächtig werden, nicht gesehen werden, wir haben Angst um sie.

Stehen und stehen, schon beinahe 24 Stunden. Stehen und warten. Warten und nicht denken. Die dichte Undurchdringlichkeit der Dunkelheit legt sich langsam wieder auf die 30.000 gequälten Menschen. Es ist elf Uhr nachts. Wir gewöhnen uns langsam an den Gedanken, daß wir hier die ganze Nacht verbringen werden. Plötzlich schreit jemand: »Jetzt werden sie uns in der Nacht aus Maschinengewehren und Flugzeugen beschießen.« Darauf bricht ein Strom verzweifelter Proteste über ihn herein. Nein, wir gestatten den Nazis nicht, uns eingeschüchtert und bittend zu sehen! Wir, unser Zimmer 25 (aus dem Mädchenheim L 410, W. I.), halten uns an den Händen und sind in diesem Augenblick Freundinnen auf Leben und Tod. Es ist zwölf Uhr. Mitternacht. Wir wissen alle, daß wir dies nicht mehr lange aushalten können, daß nur noch ein Wunder geschehen kann. Und es geschieht: Durch das Tal erklingt eine dröhnende Stimme:

»Das Tal räumen, sofort!«

Und schon sind die Soldaten da und treiben die verschrockene Menge vor sich her in die Stadt. Ein schreckliches Gedränge beginnt. In dieser undurchdringlichen Finsternis kämpft jeder um sein eigenes Leben und tritt rücksichtslos auf jene, die gefallen sind. Die erschöpften Nerven kündigen den Dienst, die Leute benehmen sich wie Wahnsinnige. War das die Absicht der SS? Eine riesige Lawine drängt vorwärts, und über ihr hört man das Lachen der SS. Schließlich übernehmen einige Leute, die ihren gesunden Menschenverstand bewahrt haben, die Leitung und geben Anweisungen. Vor allem versuchen sie, die Kinder zu befreien. Sie ordnen an, einander fest an den Händen zu halten, und bahnen uns einen Weg. Endlich sind wir aus dem Gedränge heraus. Wir sind schon in der Nähe des Ghettotors und laufen durch die Reihen der Soldaten, deren Gesichter sich im Licht der Laternen verziehen wie Todesmasken.

Wir sind zu Tode erschrocken. »Los, los, schneller, schneller«, rufen ihre rauhen Stimmen. Mit den letzten Kräften laufen wir durch dieses schreckliche Spalier in die Stadt. Den Weg durch die dunklen, einsamen Gassen erleben wir schon wie im Traum. Irgendwo, weit hinter uns, ahnen wir die sich wälzende Menge. Vollkommen erschöpft, ohne auch nur etwas auszuziehen, sinken wir auf unsere Betten. Der barmherzige Schlaf schließt uns in seine Arme.

Was war das? Warum geschah das? Nichts – bloß ein kleiner Spaß der Herren Deutschen." (Zitiert aus: Jana Renée Friesová: Festung meiner Jugend, Dresden/Prag 2004, S. 146 ff.)

Die unter SS-Befehl stehende jüdische „Selbstverwaltung" des KZs Theresienstadt – der Ältestenrat – versuchte alles, um wenigstens die Überlebenschance der Kinder und Jugendlichen zu erhöhen. Sie erhielten – auf

Kosten der Älteren – höhere Lebensmittelzuteilungen, wurden in Mädchen- und Knabenheimen untergebracht und von ausgezeichneten Pädagogen und Lehrern unterrichtet.

Das Mädchenheim L 410 (das Gebäude in der Mitte) am Marktplatz Theresienstadts heute

Die meisten überlebenden Kinder und Jugendlichen konnten nach dem Krieg unmittelbar die ihrem Alter entsprechenden Schulklassen besuchen, und wenn sie Rückstände im Lernstoff hatten, holten sie diese in kürzester Zeit auf – obwohl sie zum Teil sechs Jahre lang keine Schule besucht hatten. Trotzdem war der Erfolg dieser Bemühungen deprimierend. Von 15.000 Kindern und Jugendlichen bis 15 Jahre, die durch Theresienstadt gegangen sind, überlebten nur knapp 200.

Im heutigen Ghettomuseum von Theresienstadt war damals ein Knabenheim

Das SS-Kommando, unter dessen Befehl das Lager Theresienstadt stand, umfasste nur etwa zwanzig Personen. Und diese SS-Männer vermieden es soweit möglich, sich innerhalb des Lagers zu bewegen – aus Sorge, sich mit einer der zahlreichen ansteckenden Krankheiten zu infizieren oder in dem unvorstellbaren Gewimmel von Menschen irgendwo von hinten erschlagen zu werden. Die Bewachung der Häftlinge oblag tschechischen Gendarmen, die zu diesem Dienst gezwungen wurden. Kontakt mit den Häftlingen war ihnen strengstens untersagt. Bei ihrer Auswahl wurde darauf geachtet, dass die Familien keinerlei Beziehungen in jüdische Kreise hatten. Und sie wurden jeweils nach einigen Monaten abgelöst, um die Entstehung persönlicher Beziehungen zu unterbinden.

„Ich habe mit ihnen nur die besten Erfahrungen gemacht, mit einigen waren wir nach dem Krieg in Kontakt. Ich möchte es so ausdrücken: Sie achteten unsere Würde als Menschen. Sie waren nie vulgär oder gemein zu uns, wie die Deutschen, sondern begegneten uns auf Augenhöhe. Und das war zu dieser Zeit und im Blick auf die Funktion, die sie hatten, außergewöhnlich. Als ich in der Landwirtschaft arbeitete, warnten sie uns stets: »Nehmt heute auf keinen Fall etwas, heute wird streng kontrolliert!« Kurz, sie haben sich anständig benommen."

Auschwitz

In verschiedenen Lagern und Ghettos, die zum Großteil in Polen und auf deutschem Gebiet waren, gab es
Aufstände. Es war ein bekannter Aufstand im Warschauer Ghetto, der sich sogar einen Monat hielt, ehe er
von den Deutschen ganz brutal niedergeschlagen wurde.
In den Lagern von Sobibor, von Treblinka, überall waren Aufstände, und diese Aufstände wurden meistens
von jungen Leuten, von jungen Männern durchgeführt.
Sie haben aber leider wenig Freiheit gebracht, meistens
wurden diese Menschen immer sofort getötet, hingerichtet, erschossen, erhängt, zu Tode gequält – es gab
viele Möglichkeiten, Menschen loszuwerden. Die Nazis
bekamen Angst, dass in Theresienstadt zu viele junge
Männer waren und dass dort eventuell auch irgendein
Aufstand ausbrechen könnte. Und so beschlossen sie im
September 1944, dass ein Transport von 5.000 Männern
zusammengestellt würde, im Alter von 17 bis ungefähr
55 Jahren. In diesen Transport kam mein Mann. Wir
verabschiedeten uns und ich blieb allein zurück."

Was Lisa erst nach der Befreiung erfuhr: František
Mauthner war Mitglied des geheimen Widerstands in
Theresienstadt, und das technische Büro war so etwas
wie die Zentrale des Widerstands. Hier standen dafür
notwendige Materialien zur Verfügung und begabte Zei-
chner dokumentierten dort heimlich das Geschehen für
die Nachwelt. Pläne für einen möglichen Aufstand, für
eine notwendige Evakuierung wurden geschmiedet.
František befürchtete zu Recht, dass die daran beteiligten Häftlinge einer besonderen Gefahr ausgesetzt
wären und sorgte deshalb dafür, dass Lisa nicht mehr
dort arbeitete.

„Mir war nicht sehr gut zumute, das kann man sich vorstellen. Ich war 22 Jahre alt und ich war allein. Wenn man wenigstens gewusst hätte, wo jemand ist, aber alle verschwanden immer ins Unbekannte. Nach zwei Tagen, als dieser Transport weg war, kam eine Verlautbarung der Nazis, dass sich zu den 5.000 Männern 1.000 Frauen freiwillig melden konnten und dass die Familien zusammengeführt würden, die Frauen in Wäschereien, in den Küchen arbeiten und eventuell leichtere Bauarbeiten machen würden und mit den Männern wieder zusammen sein würden. Meine Freundinnen und ich gingen natürlich hin, wir drängten uns, um an die Reihe zu kommen, weil wir ja wussten: 5.000 Männer und nur 1.000 Frauen! Also wir taten alles, um wirklich angenommen zu werden. Und so wurden wir in einen Transport eingereiht, vielleicht drei Tage später. Es war Anfang Oktober und wir packten wieder unsere Ranzen – 50 kg hatten wir gar nicht mehr – und fuhren in einem Zug, sogar in einem normalen Zug. Unsere Männer waren in Güterwagen, in Viehwaggons gefahren. Wir fuhren Richtung Osten, wir fuhren Tag und Nacht, und in dem Zug fanden wir einen Zettel auf der Toilette, darauf stand »Achtung Gas!« Wir konnten uns überhaupt nicht erklären, was das bedeuten sollte. Der Zettel ging von Hand zu Hand, und wir dachten: »Achtung Gas« – was kann das schon bedeuten?

Endlich kamen wir in der Nacht auf einem freien Platz an – ein großer Platz, der von Scheinwerfern beleuchtet war. Männer liefen hin und her in gestreiften Anzügen wie Pyjamas, so sahen sie aus, und sie hatten kahlgeschorene Köpfe und flache, auch gestreifte Kappen auf den Köpfen. SS stand dort und Hunde. In der Ferne sahen wir hohe Schlote, die rauchten, und wir dachten:

Aha, das sind die Fabriken, in denen wir wahrscheinlich arbeiten werden. Von Gaskammern und Krematorien hatten wir damals noch nichts gehört. Und die Männer kamen in den Zug herein. Sie sprachen Polnisch und sagten: »Schnell, ihr müsst alle heraus, al-les Gepäck muss hier liegen bleiben. Ihr seid alle jung, ihr könnt alle arbeiten, wenn jemand 50 Jahre alt ist, soll er auf jeden Fall sagen, dass er 45 ist. Und die Kinder könnt ihr sowieso nicht retten.« Wir haben uns überhaupt nicht vorstellen können, was das alles bedeuten soll und wir dachten: Naja, vielleicht haben wir sie falsch ver-standen. Zwischen Polnisch und Tschechisch ist ja doch ein Unterschied, wahrscheinlich ist das der Grund.

Wir mussten sofort aus dem Zug heraus, das Gepäck blieb alles im Zug. Wir mussten uns in Fünferreihen aufstellen und dann vor einige SS-Leute vortreten. In der Mitte stand einer mit einer Reitpeitsche, und der zeigte immer, wer nach links und wer nach rechts gehen sollte. Nun, ich stand weiter hinten und merkte schnell: Nach links gingen die jungen Frauen und die, die noch verhältnismäßig gut aussahen, und auf die rechte Seite gingen die älteren Frauen – es waren ja nur Frauen in diesem Transport – und die Mütter mit den Kindern. Und ein Hin- und Herlaufen zwischen den einzelnen Reihen, das gab es überhaupt nicht, da gab es gleich großes Gebrüll. Dann wurden die Menschen beruhigt, dass die Älteren in ein Lager kämen, wo sie nicht so viel arbeiten müssten und wo die Kinder Milch bekämen und wo alles viel einfacher für sie wäre. Wir sahen na-türlich nicht die Lastwagen, die um die Ecke standen, auf die diese dann aufgeladen wurden und direkt in die Gaskammern von Auschwitz gebracht wurden. Wir wa-ren nämlich in Auschwitz gelandet.

Blumen zum Gedenken auf den Bahngleisen der Entla-
derampe im KZ Auschwitz-Birkenau, März 2007

Wir selbst, also die Jüngeren, mussten abmarschieren,
begleitet von SS, die mit Gewehren uns umzingelten.
Die Wolfshunde bellten wie verrückt. Manchmal wurde
in die Luft geschossen. Es war finster, es regnete, man
kam sich vor wie in einem Panoptikum. Wir wurden in
einen großen Raum geführt. Dort mussten wir uns nackt
ausziehen, vor all diesen Männern, auch unsere Schuhe
ausziehen, und wir wurden kahl geschoren. Die Haare
vom Kopf wurden uns vollkommen abgeschoren, und
alle übrigen Körperhaare auch. Dann warf man uns ein
paar solche gestreifte Kleider zu, keine Unterwäsche.
Etwas war zu groß, etwas war zu klein, das mussten wir
untereinander tauschen. Statt unserer guten Lederschuhe
bekamen wir Holzpantinen, solche holländische Holz-
schuhe, aber keine Socken, so dass wir sehr schnell

wunde Füße bekamen, weil wir darin überhaupt nicht gehen konnten, weil sie zu groß waren und man das lernen muss, wie man darin gehen soll. Als wir alle eingekleidet und abgeschoren waren, wurden wir wieder in eine Kolonne gereiht, wieder zu fünft – in Auschwitz ging alles zu fünft. Und diese Kolonne bewegte sich dann zwischen Stacheldraht und lauter Baracken auf der linken und auf der rechten Seite. Wir kamen auch in so eine Baracke, wo Stockbetten waren, drei Stock hohe Betten. Auf der einen Seite waren schon Frauen, so kahl geschoren wie wir. Uns begrüßte eine Kapo, das war so eine Art Aufseherin, die war eigentlich auch ein Häftling – aber kein Häftling, wie wir es waren. Das waren deutsche Bürger, die aber Verbrecher waren: Totschläger, Diebe, Räuber. Was weiß ich, was sie verbrochen hatten. Sie wurden aus den Gefängnissen freigelassen und in den Konzentrationslagern eingesetzt. Die standen über uns und konnten im Grunde mit uns machen, was sie wollten. Sie konnten schlagen, und sie konnten auch erschlagen, und es ist ihnen nichts passiert. Sie waren alle mit Stöcken ausgerüstet – Waffen durften sie nicht tragen. Also diese Frau empfing uns gleich mit Schlägen. Warum sie uns schlug, das wussten wir nicht. Sie sagte: »Da seid ihr ja, ihr lieben Schweine. Schnell auf die Betten!« Also wir krochen schnell auf die Betten, schon deshalb, damit ihre Schläge uns nicht erreichen konnten, und wir mussten zehn auf einer Pritsche liegen und bekamen zwei schmutzige Decken.

Wir waren vollkommen im Schock. Wir konnten uns überhaupt nichts erklären. Wir lagen wie die Heringe, wie die Sardinen, und wenn sich eine umdrehen wollte, mussten sich alle umdrehen. Wir deckten uns mit den schmutzigen Decken zu, denn wir hatten nichts anderes und es war Anfang Oktober. Auschwitz liegt in einer Ebene und dort ist ein ständiger Wind und es war bitterkalt. Wir hatten noch Glück im Unglück. Wir waren in einer Quarantänebaracke untergebracht. Wir wurden nicht tätowiert, ich habe keine Auschwitz-Nummer. Denn man rechnete damit, dass wir so bald wie möglich wieder von Auschwitz weg sollten, und zwar sollten wir zur Arbeit verschickt werden in die verschiedenen Munitionsfabriken und auf verschiedene Arbeitsplätze. Aber das wussten wir natürlich noch nicht. Vorläufig waren wir da und wurden nur schikaniert. Wir wurden wann immer geweckt – ob es dunkel war, ob es hell war, ob es draußen regnete oder die Sonne schien – wir wurden geweckt. Wir sind stundenlange Appelle gestanden, drei Stunden, vier Stunden. Sie haben uns gezählt, und wenn die Zahl nicht stimmte, ging das Ganze von neuem los. Manchmal sind wir bis in die Nacht hinein Appell gestanden, und wenn jemand ohnmächtig wurde, dann ist er eben umgefallen und wir durften ihn nicht anrühren, wir durften ihm nicht helfen, wir durften ihn nicht schützen.

Nur in Gruppen durften wir die Baracke verlassen, wir wurden in Gruppen auf die Latrine und in den sogenannten Waschraum geführt. Dort floss – natürlich kaltes – Wasser. Es floss eigentlich nicht, es tröpfelte nur so, aber das half uns sowieso nicht, denn wir hatten keine Seife, kein Handtuch, keine Zahnbürste, keinen Waschlappen – überhaupt nichts. Wenn Tausende Menschen unter solchen Umständen auf verhältnismäßig kleinem Raum zusammengepfercht sind, breiten sich selbstverständlich Seuchen aus und besonders auch in Auschwitz wütete der Typhus. Da musste dann niemand mehr ermordet werden, der Typhus machte schon das seine. Die Menschen fielen um wie die Fliegen. Es gab keine Medikamente. Die Typhus-Leichen wurden eingesammelt und auf Lastwagen ins Krematorium gefahren und verbrannt. Das Krematorium arbeitete Tag und Nacht. Es kamen immer wieder neue Transporte nach Auschwitz, immer wieder wurde selektiert. Und so langsam, als wir dort waren, hörten wir Sätze wie »Der ging durch den Kamin«. Man sprach von nichts anderem als vom Gas, vom Gas und wieder vom Gas.

Eingangstor des KZ Auschwitz I (Stammlager) mit der Aufschrift "Arbeit macht frei" (2007)

Das Essen in Auschwitz war eine Katastrophe. Wir bekamen – zehn Frauen zusammen – eine Schüssel, und in diese Schüssel wurde so etwas wie eine Suppe gefüllt, darin schwammen Kartoffeln und Rüben, aber auch Kartoffelschalen und verschiedenes andere auch. Und jetzt saßen wir da mit dieser Schüssel und wussten nicht, was wir damit anfangen sollten. Wir haben gesagt: »Wir haben keine Löffel!« und bekamen zur Antwort »Vielleicht habt ihr doch Hände!« Und jetzt hätten wir mit diesen dreckigen Händen da herumfischen sollen. Wir sagten uns: So tief sind wir noch nicht gesunken – das machen wir nicht! Wir haben gesehen, dass die Polinnen, die schon länger in Auschwitz waren, es so machten. Als sie sahen, dass wir unsere Suppe nicht aßen, kamen sie sofort zu uns herübergelaufen und sagten: »Esst ihr eure Suppe nicht? Kommt, gebt sie uns!« Wir haben sie nur bewundert, wie sie das machten. Nachdem sie die festen Stücke herausgefischt hatten, ging die Schüssel herum und jede trank, so lange, bis die Schüssel leer war. Dann bekamen wir noch ein Stückchen Brot und das aßen wir natürlich, weil wir doch Hunger hatten. Aber zu der Suppe konnten wir uns irgendwie nicht entschließen. Nach ein paar Tagen kam eine Frau zu uns und sagte: »Ich beobachte euch jetzt schon einige Zeit. Ihr esst die Suppe nicht. Wenn ihr das so weiter macht, dann geht ihr dem sicheren Tod entgegen. Dann magert ihr ab. Auch wenn das nur so eine Wassersuppe ist, so hat sie doch irgendeinen Inhalt. Ihr werdet Skelette, könnt nicht mehr arbeiten, und was dann mit euch passiert, das könnt ihr euch denken!« Also begannen wir, diese Suppe zu essen, aber wir haben uns wirklich sehr überwinden müssen – trotz des großen Hungers.

Von unseren Männern wussten wir nichts – überhaupt nichts. Das alles war natürlich nur eine Finte, mit der man uns weglocken konnte. So wie das bei den Nazis immer war: Wenn sie etwas versprachen, dann bedeutete das absolut nichts.

Sklavenarbeit in Freiberg

Es kamen Männer in unsere Baracke, wir mussten alle von den Pritschen herunter, uns nackt ausziehen und an diesen Männern vorbeidefilieren. Das waren die Leiter verschiedener Fabriken, und sie suchten uns aus wie Pferde auf dem Pferdemarkt. Wir verließen die Baracke und waren nicht sicher, wohin wir gingen. Bis zum letzten Moment dachten wir: Es könnte auch die Gaskammer sein. Aber wir wurden in einen Raum geführt, wo aus den Duschen kein Gas, sondern wirklich warmes Wasser herauskam. Wir bekamen ein kleines Stückchen Seife und zu zweit jeweils ein Handtuch und konnten uns nach drei Wochen wieder einmal waschen. Dann wurden wir in einen weiteren Raum geführt, dort waren SS-Aufseherinnen. Da habe ich zum ersten Mal Frauen in SS-Uniform gesehen. Diese Frauen teilten Kleider aus. Das waren Kleider aus den Koffern und aus dem Gepäck, das sie den Transporten weggenommen hatten. Der Inhalt dieser Koffer wurde dann immer sortiert – ganz ordentlich! Schuhe, Wintersachen, Sommerklei-der… Was den SS-Leuten gefiel, das nahmen sie sich, der Rest blieb dann in der sogenannten Kleiderkammer. Aus diesem Vorrat gaben uns jetzt diese SS-Aufsehe-rinnen jeder etwas zum Anziehen – wir waren ja splitternackt. Wäsche bekamen wir grundsätzlich keine, wir waren die ganze Zeit ohne Unterwäsche und ohne Strümpfe. Manche hatten Glück und bekamen ein Wollkleid, manche sogar einen Mantel oder eine Wolljacke. Ich bekam ein Sommerkleid mit einer kleinen Jacke aus demselben Seidenstoff. Ich hatte Angst, jetzt im heraufziehenden Winter nur dieses dünne Sommerkleid tragen zu müssen und fasste den Mut, zu fragen: »Bitte, Frau Aufseherin, könnte ich vielleicht auch noch eine Jacke oder einen Mantel bekommen?« Zur Antwort gab sie mir eine furchtbare Ohrfeige und sagte: »Schau dass du abhaust!« Na, und so war ich dann also bis zum Kriegsende in einem eleganten Seidenkleid mit einer Seidenjacke unterwegs.

Wir bekamen ein Stück Brot, ein Stück Wurst, wurden in Viehwagen verladen – immer sechzig Personen in einen Waggon, mit einem Eimer. Die Fahrt ging weg von Auschwitz. Wir waren natürlich in verhältnismäßiger guter Laune, dass wir von den Gaskammern wegkamen, das war der größte Schrecken von Auschwitz. Und dann auch noch die mit elektrischem Strom geladenen Stacheldrahtzäune, die uns umgaben. Aber wir wussten überhaupt nicht: Wo sind unsere Familien? Wo sind meine Eltern? Wo ist mein Mann?

Wir fuhren wieder einen Tag, eine Nacht, und irgendwo bei Dresden dann änderte der Zug die Richtung und hielt. Wir wurden ausgeladen auf einem Bahnhof. »Freiberg« stand dort. Freiberg in Sachsen. Es ging im Laufschritt in eine Fabrik, das war eine ehemalige Porzellanfabrik, die in eine Flugzeugfabrik umgebaut war. In dieser Fabrik schliefen wir und wurden dort angelernt. Wir arbeiteten in zwölfstündigen Schichten. Wir bearbeiteten Flugzeugflügel. Die Arbeit war sehr, sehr schwer. Wir mussten die ganze Zeit stehen, wir durften uns nie setzen. Während der Arbeitszeit bekamen wir überhaupt nichts zu essen. Wir hatten deutsche Meister, das waren ältere Jahrgänge, die zum Militär eingezogen waren, aber nicht mehr an die Front mussten. Die Meister hatten eine Pause und bekamen Kaffee und zogen ihre Brote heraus. Wir hatten keinen Kaffee und nicht nichts und durften uns nicht einmal setzen. Wir wohnten die erste

Zeit in der Fabrik. Das war zwar angenehm, weil es dort warm war, aber dafür waren dort an den Wänden tausende Wanzen, die, sobald wir das Licht löschten, auf uns herunterfielen. Wir hatten auch den Vorteil, dass auf einer Pritsche nur noch zwei lagen. Wir hatten zwar nur eine Decke zu zweit, aber es war warm. Die Wanzen – das war ziemlich schlimm. Wir bekamen einmal am Tag eine Suppe und ein Stück Brot. Dazu so ein warmes Wasser, so etwas wie Kaffee. Und das war alles.

Es war wirklich schwere Arbeit, immer im Stehen, und wir wurden langsam immer müder und immer schwächer. Manchmal war so viel Arbeit, dass man uns noch länger dort ließ als zwölf Stunden, und dann waren wir wirklich furchtbar erschöpft. Nach der Arbeit mussten wir immer noch Appell stehen, weil wir ewig gezählt wurden. Leiter dieses Ganzen war ein Scharführer, der ewig mit der Pistole in der Hand herumrannte, brüllte, ohrfeigte, aber immerhin nicht schoss, was er schließlich auch hätte machen können. Inzwischen waren unter uns einige schwangere Frauen, und man muss sagen, dass er diese Schwangeren nicht nach Auschwitz zurück geschickt hat, was in manchen Lagern geschah.

Mit den Meistern durften wir überhaupt nicht sprechen, nur die Meister mit uns. Das heißt, sie durften nur sagen: »Mach das, mach das – das machst Du schlecht.« Sonst durften sie mit uns auch nicht sprechen, und sie wussten eigentlich gar nicht, wer wir waren. Mein Meister sagte immer nur »Scheiße«. Ich weiß nicht, was er damit gemeint hat – die allgemeine Situation, über die wir nicht viel wussten, oder ob er meine Arbeit meinte, was auch möglich gewesen wäre. Er schrie uns immer nur in unvollständigen Sätzen an, was wir bringen sollten. Irgendwann verlor ich die Geduld und sagte ihm:

»Mein Herr, wenn Sie uns in vollständigen Sätzen beschreiben würden, was Sie von uns verlangen, dann würden wir auch nicht immer das Falsche bringen!« Er war vollkommen überrascht. »Sie sprechen ja Deutsch!« Ich antwortete ihm: »Wir sprechen nicht nur Deutsch. Unter uns sind Ärztinnen, Lehrerinnen.« »Uns hat man gesagt, Sie seien alle Prostituierte und Kriminelle, die man in Polen von der Straße aufgelesen hat!« Danach war er etwas freundlicher.

Wir arbeiteten mit schweren pneumatischen Hämmern und waren wirklich erschöpft. Dann wurde noch außerhalb der Stadt schnell ein Barackenlager gebaut, und im strengen Winter, nach Weihnachten, mussten wir in dieses Barackenlager übersiedeln. Weil es aus frischem Holz gebaut war, rann das Wasser von den Wänden und tropfte von der Decke, so dass wir uns alle zusammen in die unteren Betten zusammenpferchten und mit allen Decken zudeckten, denn wenn wir oben liegen geblieben wären, wären aus uns Eiszapfen geworden. Wir hatten fast keine Kohlen – das heißt, wir hatten dort eigentlich eine Kohlenzuteilung, aber während wir in der Arbeit waren, haben die Aufseherinnen uns die Kohle geklaut und sie für sich in ihre Baracke genommen, dort war es schön warm. Es gab Waschräume, wir hatten zu zweit ein Handtuch, aber wir hatten keine Seife, keine Zahnbürste – nichts. Zudem mussten wir noch täglich nach der Arbeit diesen Appell stehen und wurden gezählt, und wenn wir in die Baracken zurückkamen wurden wir wieder gezählt – als ob es möglich gewesen wäre, irgendwohin wegzulaufen. Weglaufen hätte man nicht können, weil wir flankiert waren von SS, wenn wir durch Straßen von Freiberg gingen. Und dann: Zu wem hätten wir laufen sollen? Wo hätten wir uns verstecken sollen? Man sagt das so einfach: Warum seid ihr nicht weggelaufen? Warum habt ihr nicht dies und das gemacht. Aber es war alles nicht möglich und gar nicht so einfach, wie man sich das sonst vorstellt.

Wir hatten immer weniger Arbeit und plötzlich hörte die Arbeit vollkommen auf. Wir blieben aus der Fabrik »zu Hause« in den Baracken. Die erste Reaktion war: »Also wenn ihr nicht mehr arbeitet müsst ihr auch nicht so viel essen!« Und da bekamen wir die Suppe nur jeden zweiten Tag. Und das Brot auch nur noch jeden zweiten Tag. Wir waren wirklich sehr, sehr schlecht dran. Wir hingen vor den Baracken und versuchten uns gegenseitig zu wärmen, weil drinnen nicht mehr geheizt wurde – Kohlen bekamen wir nicht mehr. Wenn wir irgendwo Gras wachsen sahen oder einen Grashalm vor der Baracke, dann stürzten wir uns drauf und pflückten das und aßen dieses Gras.

Wir erlebten die beiden Anflüge auf Dresden im Februar. Da gingen die Aufseherinnen und die Meister in die Luftschutzkeller und wir wurden in einen Saal in die Fabrik eingesperrt. Als wir die Geschwader anfliegen sahen muss ich ganz ehrlich sagen, dass wir nicht darüber aufgeregt waren. Nicht einmal hatten wir Angst, dass irgendeine dieser Bomben auf uns hätte fallen können, was leicht möglich gewesen wäre, denn wir waren nur 35 Kilometer von Dresden entfernt. Und als dann Dresden brannte hat uns das auch nicht irgendwie besonders aufgeregt. Wir haben getanzt. Wir haben nicht darüber nachgedacht, wie viele Menschen dort umkamen. Man wird in so einer Situation wirklich dann hart, und wir haben uns nur gesagt: Na, was sie uns angetan haben, dafür ist das schon die richtige Strafe. Wir mussten so viel Leid, so viel Schrecken erleben. Sollen sie auch einmal etwas erleben. Das hat uns überhaupt nicht leidgetan. Heute denke ich natürlich etwas anders darüber, aber damals, in der Situation, in der wir waren…"

Ein Filmbericht von Mario Unger (MDR) über das Außenlager Freiberg des KZs Flossenbürg ist im Internet abrufbar. Darin kommen Lisa, Helga Hošková-Weiss und der Freiberger Historiker Dr. Michael Düsing zu Wort. (www.youtube.com/watch?v=Ptab8LaBLKk).

Lisa in Freiberg 1996

Todesfahrt

Am 13. April, es war in der Nacht, wurden wir geweckt. Wir mussten jede eine Decke nehmen und ein Essgeschirr, einen Löffel, und wir wurden zum Bahnhof gebracht und in offene Viehwagen verladen. Und die Fahrt ging weg von Freiberg. Uns war klar, dass sich irgendwelche Truppen der Stadt näherten. Wir wussten nicht, ob es Russen waren oder Amerikaner, das war uns in der Zeit auch vollkommen egal. Wir haben nur hauptsächlich gehofft, dass wir schon befreit würden. Wir wussten natürlich auch nicht, dass am 27. Januar schon Auschwitz befreit worden war. Das alles haben wir nicht gewusst.

Wir fuhren hin und her in den offenen Wagen, es regnete auf uns, manchmal schneite es. Wir blieben stundenlang auf der Strecke stehen, weil Tiefflieger kamen. Wir trafen unterwegs andere Züge, die auch voll mit Häftlingen waren. Wir wussten, dass anscheinend ein Ende nahte, aber wir hatten große Angst, wie sich dieses Ende abspielen würde. Denn uns war bewusst, dass die Nazis ihre Taten jetzt verdecken wollten, dass sie uns irgendwo umbringen wollten, irgendwo hinbringen, wo wir nie wieder sprechen würden und nie sagen könnten, was sie alles mit uns getan hatten.

Wir hatten uns nicht sehr geirrt. Wir hätten in ein anderes Konzentrationslager gebracht werden sollen, nach Flossenbürg, von wo aus Freiberg verwaltet wurde, und nachdem Auschwitz jetzt nicht mehr war. Einem tapferen Stationsvorsteher verdanken wir es, dass wir dort nicht hinkamen. Trotz Drohungen behauptete er, die Strecke wäre bombardiert. Und so fuhr der Zug immer weiter. Wir fuhren ungefähr vierzehn Tage. Wir bekamen vielleicht drei- oder viermal in dieser Zeit etwas zu essen. Wir wurden von offenen in geschlossene Waggons umgeladen, weil einige versuchten, von den offenen abzuspringen. Einmal am Tag wurden die Türen aufgerissen von den Aufseherinnen und dann schrien sie: »Tote raus!« Dann musste man die Toten herausschmeißen auf die Gleise. Und dann wurden die Türen wieder zugeschlagen.

Eines Tages hielt der Zug und wir mussten heraus, wir fielen eher aus den Waggons, weil wir überhaupt nicht mehr ordentlich gehen konnten, und wir waren auch geblendet vom Licht, weil wir ständig in den dunklen Wagen gesessen hatten. »Mauthausen« stand auf dem Bahnsteig – da wussten wir, dass wir in Österreich waren. Wir kamen an einem Brunnen vorbei und stürzten halb verdurstet zum Wasser. Darauf warfen die freundlichen Mauthausener mit Steinen nach uns.

Man schleppte uns die Hunderte von Stiegen herauf in die Berge in das Konzentrationslager. Wir kamen wieder durch ein Tor wo stand »Arbeit macht frei«. Auf dem Lagerplatz, auf den sie uns führten, fielen wir auf die Erde und sagten uns: Jetzt ist endgültig Schluss! Wenn wir uns gegenseitig ansahen bei Licht, sahen wir aus wie Gespenster. Verschmutzt, verlaust, halb verhungert. Also wir sagten uns: Mit uns können sie nicht mehr viel anfangen, arbeiten können wir auch nicht mehr, also wir sind reif für die Gaskammern. Nach einiger Zeit kamen zu uns einige Häftlinge, die eine weiße Armbinde trugen, das hieß, dass sie sich frei im Lager bewegen konnten. Sie hatten ein »T« auf der Schulter ihrer Anzüge, es waren also Tschechen. Sie hatten uns Tschechisch sprechen gehört und fragten, woher wir seien. Wir sagten, wir hätten schreckliche Angst, dass wir jetzt ins Gas gehen würden und sie sagten: »Seid ruhig! Ihr habt großes Glück. Wir haben gestern die Gaskammern demontiert. Die Amerikaner sind in nächster Nähe, in der Nacht werdet ihr das Schießen hören. Es ist nur noch eine Frage von Tagen. Und die SS hat jetzt ganz andere Sorgen. Vor euch sind noch 1.000 Ungarinnen ins Gas gegangen, aber das waren die Letzten. Bleibt ruhig. Wir werden feststellen, wo sie euch hinbringen und in der Nacht werden wir euch dann etwas zu essen bringen.«

Die Solidarität in den Lagern war phantastisch. Man hat gar nicht darauf gesehen, ob jemand ein Deutscher, ein Tscheche oder ein Pole war. Alle Häftlinge waren Häftlinge und haben sich untereinander geholfen. Wir wurden dann in irgendwelchen Räumen untergebracht, wir lagen auf der Erde. Wir waren alle krank. Wir hatten Durchfälle, wir hatten Fieber. Wir sind vor uns hin gedöst, hatten Fieberträume und waren wirklich in einem ganz katastrophalen Zustand.

In der Nacht kamen wirklich einige der tschechischen Häftlinge und brachten uns Brot. Uns war vollkommen klar, dass das ihr Brot war, denn wo hätten sie sonst Brot hernehmen können. Aus keiner Lagerküche hätten sie Brot stehlen können, das war unmöglich. Das bedeutet, dass sie selbst nichts gegessen hatten, aber als sie gesehen hatten, wie verhungert wir waren, haben sie uns ihr Brot gebracht.

Befreiung und Rückkehr nach Prag

Wir kamen am 29. April nach Mauthausen. Die ganze Zeit dort ist bei mir vollkommen verschwommen in Erinnerung. Am 5. Mai, es war ein Sonnabend, sahen wir in der Früh die weiße Fahne auf dem Wachturm wehen. Die SS war verschwunden und gegen Mittag kamen die ersten amerikanischen Jeeps in das Lager. Als sie uns sahen, waren sie vollkommen entsetzt. Es war das erste Lager, das sie besetzt hatten. Sie begannen sofort, uns alles zu geben, was sie hatten: ihre Essensrationen und alles. Und das endete auch schlecht. Denn wer davon etwas aß, sich plötzlich dachte: Jetzt kann ich mich satt essen – der aß und fiel tot um, weil unsere Körper das normale Essen und die normale Menge schon gar nicht mehr vertragen konnten. Es kamen dann auch Ärzte, die sofort strengen Befehl gaben, dass die Soldaten uns nichts geben durften. Das war nicht Geiz, das war, um uns am Leben zu erhalten, um uns zu retten. Es kamen Krankenschwestern und die haben sich um uns gekümmert. Man hat uns gefüttert, wirklich gefüttert, mit Brei, um uns langsam wieder hochzubringen. Man hat alles, was wir anhatten, verbrannt, weil wir vollkommen verlaust waren. Wir wurden desinfiziert, und aus den reichen Kleiderkammern, die die SS nicht mitnehmen, nicht liquidieren konnte, hat man uns Kleider gegeben.

Wir wurden nach Nationen geordnet – in Mauthausen war halb Europa vertreten, besonders Spanier aus dem Spanischen Bürgerkrieg und Franzosen. Man wollte uns so schnell wie möglich wieder zurück in unsere Länder bringen. Wir gehörten zu den Ersten, die von dort fortgingen, aber es dauerte auch vierzehn Tage, bis wir überhaupt so weit und transportfähig waren.

Konzentrationslager Mauthausen nach der Befreiung

Mauthausen liegt oberhalb von Linz und das ist ziemlich nahe an unserer Grenze. Und so fuhren wir, die Frauen in Bussen und die Männer auf Lastwagen. In Mauthausen waren sehr viele politische Gefangene aus der Tschechoslowakei und so waren wir im Ganzen über 1.200 Personen, die da über die Grenze gebracht wurden nach Budějovice. Es wehten überall Fahnen und Tausende Menschen waren auf dem Marktplatz. Dort stellten sich die Busse auf. Es wurden Reden gehalten. Und jeder fragte: »Haben Sie nicht den gesehen? Habt ihr den getroffen? Ich hab einen Bruder dort gehabt. Ich hatte auch jemanden dort...« Aber wir haben natürlich niemanden gekannt. Dann wurden wir in einen Sonderzug nach Prag verfrachtet. Er hielt allerdings an fast allen Stationen, überall waren Menschenmengen, die uns etwas Gutes tun wollten. Überall wollten sie uns Geld geben und brachten Essen und Kuchen und alles Mögliche. So landeten wir zum Schluss am Hauptbahnhof in Prag. Dort waren auch wieder Hunderte Menschen beisammen, weil der Zug mit den ehemaligen Häftlingen aus Mauthausen angemeldet war.

Wir waren in Prag. Wir waren zu Hause. Aber wir hatten kein Zuhause mehr, wir wussten nicht, wo wir hingehen sollten. Wir hatten ja unsere Wohnungsschlüssel abgegeben. Wir wussten nicht, was wir machen sollten. Das Rote Kreuz hat natürlich damit gerechnet, hat Hotels beschlagnahmt und Internate und brachte die Menschen unter. Es waren Krankenwagen da, die gleich die Schwerkranken in die Krankenhäuser brachten.

Ich persönlich ging in kein Hotel. Ich habe es riskiert, und bin zu der Adresse gegangen, die wir mit meinem Mann und meinen Eltern vereinbart hatten. Ich wollte wissen, ob ich irgendwen von meinen Leuten wiedertreffe. Nun – ich kam hin, meine Tante war zu Hause, die Freude war groß. Als ich fragte, wusste sie von den Eltern nichts, aber von meinem Mann hatten sie eine Nachricht durch den Rundfunk. Von früh bis abends lasen sie im Tschechischen Rundfunk Listen von Überlebenden aus den einzelnen Konzentrationslagern, die ihre Verwandten suchten. Und da wurde auch der Name meines Mannes vorgelesen, der also seine Frau suchte.

Wenn ich die ganze Zeit über nicht geweint habe – nie im Lager, nicht nur ich, keine der Frauen, wir waren nicht hysterisch, haben nicht geweint oder getobt: Da bin ich ohnmächtig geworden. Das war das Schönste, was ich eigentlich haben konnte.

Mein Mann kam drei Tage später, mit einer hässlichen Wunde am Kopf – die Folge des Wutausbruchs eines SS-Mannes. Er war ganz in meiner Nähe gewesen, auch in Österreich, in einem Außenlager von Mauthausen, in Ebensee. Wir waren wieder zusammen. Meine Eltern und meine Schwiegermutter sind in den Gaskammern umgekommen. Mein Schwager, der im Widerstand war und verraten wurde, wurde in Dachau erschossen. Von einer großen Familie sind 37 Personen umgekommen – teils vor Schwäche gestorben in den Arbeitslagern, teils in den Gaskammern von Auschwitz. Mein Mann und ich und noch vier andere waren die einzigen, die übrig geblieben waren."

Während eines von mir geleiteten Seminars zur Lehrerfortbildung im Jahr 2010 in Dresden antwortete Lisa auf die Frage: „Woher haben Sie in dieser Zeit die Kraft genommen, den nächsten Tag erleben zu wollen?" „Den Nazis nicht die Freude zu machen, dass sie uns unterkriegen können. Und dann die Hoffnung, meinen Mann wiederzusehen und wieder mit der Familie zusammenzukommen. Das gibt einem schon Kraft. Aber es war sehr schwer, weil wir physisch keine Kraft mehr hatten. Von dem Brot und der Suppe..."

Lebensmittel wegzuwerfen ist für Lisa, wie sie dort betonte, bis heute unmöglich. „Wenn mein Sohn es ablehnt, altes Brot zu essen, dann esse ich es auf. Und wenn ein Rest vom Essen bleibt, dann wird es eingefroren. Ich kann keine Lebensmittel wegwerfen. Da bin ich kompromisslos. Das kann ich ganz einfach nicht!"

Eine Teilnehmerin dieses Seminars stellte die Frage, ob ein Misstrauen gegenüber Menschen zurückgeblieben sei. „Warum? Nein. Ich habe Schweres erlebt, aber ich habe auch so viel Freundschaft erlebt, so viel wunderbare Freundschaft in Situationen, wo es wirklich ums Leben ging. Und wie sich dann unsere Freunde verhalten haben, als ich zurückkam – warum sollte ich ein grundsätzliches Misstrauen gegen Menschen haben?"

Neuanfang unter schwierigen Umständen

Lisa hat – im Unterschied zu manchen anderen – nur positive Erfahrungen gemacht im Blick darauf, Dinge zurückzuerhalten, die ihre Eltern weggegeben hatten. Zum Teil meldeten sich ihr fremde Personen und gaben zum Beispiel zwölf Handtücher zurück, die ihre Mutter dort deponiert hatte. Auch František hatte in dieser Hinsicht Glück. Der einzige wertvolle Gegenstand, den seine Eltern besessen hatten, war ein goldenes Zigarettenetui – ein Geburtstagsgeschenk. Das hatten sie Bekannten zur Aufbewahrung gegeben. František wusste gar nichts davon, die Bekannten meldeten sich, luden sie zum Essen ein und gaben das Etui zurück. Zu Hause öffneten sie es, František erinnerte sich daran, dass dort das Hochzeitsdatum der Eltern eingraviert war. Darin waren 20.000 Kronen. „Meine Mutter hat in ihrem ganzen Leben niemals 20.000 Kronen besessen!" versicherte František. „Auf so freundliche, noble Art hat uns dieser Mann ein so großes Geschenk gemacht" erinnert sich Lisa.

Den elterlichen Betrieb hatte der Treuhänder vollkommen heruntergewirtschaftet. Als Lisa dort auftauchte, warf ein tschechischer Angestellter, der mit dem Treuhänder zusammengearbeitet hatte, sie zunächst hinaus. Kurze Zeit später tauchte er jedoch in ihrer Wohnung auf mit einer Fotografie, die Lisa als Zweijährige zeigte. Sie hatte auf dem Schreibtisch ihres Vaters gestanden. Er bat darum, ihm etwas zu seiner Entlastung zu unterschreiben, denn ihm drohte Gefängnis wegen Kollaboration mit den Nazis. „Ich habe die Fotografie genommen und ihn herausgeschmissen."

Die beiden Hochzeiten der Mauthners in Theresienstadt – 1942 und 1944 – wurden nach der Befreiung nicht anerkannt, weil sie keine Dokumente darüber vorlegen konnten. Das Prager Rathaus war ausgebombt, und so heirateten Lisa und František am 8. August 1945 in einem alten Palais, in dem die Hochzeiten abgehalten wurden, zum dritten Mal. „Es haben die gefehlt, die uns am nächsten waren. Und wir haben den Jahrestag dieser Hochzeit nie gefeiert. Ich war 50 Jahre mit meinem Mann zusammen. Wir haben immer die erste Hochzeit in Theresienstadt gefeiert, wo seine Mutter und meine Eltern dabei waren."

„Das Schlimmste war: Mein Mann musste am 1. Oktober zum Militär einrücken und zwar nach Litoměřice, also fünf Kilometer von Theresienstadt, und sie haben also Theresienstadt bewacht. Ich selbst habe zuerst garbeitet an der Schule für Modellzeichnen von Vílem Rotter im Prager Lucerna-Palast, wo ich vor dem Krieg gelernt hatte. Dort war ich Assistentin des Professors."

František Mauthner fand nach dem Militärdienst sofort wieder Arbeit als Assistent an der Hochschule. Er war Tiefbauingenieur und spezialisiert auf Wasserbau. An der Hochschule riet man František dringend, den deutsch klingenden Namen abzulegen. Lisa war damit überhaupt nicht einverstanden, fügte sich aber schließlich. Die Mauthners nahmen den Namen „Mika" an.

„Dann hat mein Mann im Sommer 1946 ein Stipendium bekommen in die Schweiz. Er machte zur Bedingung, dass ich mitkommen kann, dass wir auf keinen Fall wieder getrennt werden dürften. Das wurde bewilligt. So waren wir dann ein Vierteljahr in der Schweiz, er war dort Assistent an der ETH in Zürich. Na und ich – ich habe nur Karten gespielt."

Die dritte Hochzeit mit dem gleichen Mann

Ein ruhiges Leben hatten die Mauthners danach in der sozialistischen Tschechoslowakei nicht. Vor allem Lisa hatte Probleme, weil ein Teil der Familie nicht im Lager gewesen, sondern rechtzeitig emigriert war. Cousins hatten in der englischen Royal Air Force gedient. Der neue Staatspräsident Gottwald erhielt aus Moskau Weisung, diese soweit möglich zu „liquidieren" – weil sie auf der falschen Seite gegen Hitler gekämpft hatten. Zu ihrem Glück blieben diese Verwandten im Ausland – „und das war natürlich ein Minus. Zudem stammte ich nicht aus einer Arbeiterfamilie, und das war ein zweites Minus. Ich hatte deshalb noch einige Schwierigkeiten."

Ende der vierziger und Anfang der fünfziger Jahre keimte ausgerechnet in der Kommunistischen Partei neuer Antisemitismus auf – gemischt mit dem Wahn, innerhalb der Partei müssten stalinistische „Säuberungen" stattfinden, um „bourgeoise" und „antisowjetische Elemente" zu eliminieren. Opfer dieser mörderischen Verfolgungen waren nicht nur viele jener Tschechen, die in der englischen Royal Air Force gegen Hitler gekämpft hatten – aus Sicht der Kommunisten mit den „Imperialisten" –, sondern auch die Widerstandskämpferin und Frauenrechtlerin Milada Horáková und der jüdische Generalsekretär der Kommunistischen Partei Rudolf Slánský. Horáková (27. Juni 1950) und Slánský (3. Dezember 1952) wurden in politischen Schauprozessen zum Tode verurteilt und trotz internationaler Proteste hingerichtet. Lisa Miková entsprach in vielerlei Hinsicht dem Profil jener, die nun unschuldig in den Fokus der Verfolgung gerieten. Ihr „Kaderprofil" war verheerend: bourgeoise Familienwurzeln, jüdisch, Verwandte in der Schweiz, in England, in Australien und keinerlei Neigung, sich im Sinne der proletarischen Revolution davon zu distanzieren – aus der Perspektive der kommunistischen Machthaber war Schlimmeres kaum denkbar.

Für Lisa war die Fortsetzung der beruflichen Orientierung in Richtung Modedesignerin nicht möglich. Die schwere Sklavenarbeit in Freiberg war nicht ohne Folgen geblieben. Bereits Schreiben machte ihr Probleme, an professionelles Modellzeichnen war nicht mehr zu denken.

„Mit sehr gemischten Gefühlen" kam Lisa zur Buchmesse in Leipzig wieder nach Deutschland. Sie arbeitete mittlerweile im Fremdsprachenbuchhandel, im Kulturzentrum der DDR in Prag. Der Zug nach Dresden fuhr genau die Strecke, die sie seinerzeit nach Theresienstadt gefahren war. „Da ist mir plötzlich ziemlich komisch zumute geworden. Und dann habe ich – das kann ich ganz aufrichtig sagen – bei jedem älteren Menschen, gedacht: Du hattest wahrscheinlich eine Uniform, und der hatte wahrscheinlich auch eine Uniform. Das ist dann vergangen. Aber beim ersten Mal war es ziemlich schwer."

Anfang der fünfziger Jahre machte Lisa eine Ausbildung zur Buchhändlerin – in Leipzig. In der ČSSR gab es diesen Ausbildungsweg nicht, und sie liebte Literatur. Bis heute verbindet sie das damalige Studium freundschaftlich mit einer Dresdnerin, deren Schwester mit ihr die Schulbank in Leipzig gedrückt hatte.

Am 21. August 1968 schlugen sowjetische Panzer den „Prager Frühling" – den Versuch, einen „Sozialismus mit menschlichem Antlitz" zu schaffen – blutig nieder. Die Tschechoslowakei hatte sich im „Prager Frühling" aus den engen Ketten des aus Moskau diktierten totalitären kommunistischen Regimes befreit. Unter der Führung des charismatischen Generalsekretärs der Kommunistischen Partei Alexander Dubček herrschte ein hoffnungsvolles Jahr lang in der ČSSR praktisch Pressefreiheit, Freiheit der Meinungsäußerung, Freiheit der Kultur.

„Wenn wir hier einen Sozialismus mit menschlichem Antlitz propagieren, müssen die anderen Staaten des Ostblocks, des Warschauer Paktes, das doch so verstehen, dass bei ihnen ein Sozialismus mit unmenschlichem Antlitz herrscht. Das werden sich die Russen und auch die anderen nicht lange gefallen lassen. Wenn ich Breschnew wäre, würde ich eher heute als morgen Panzer nach Prag schicken." Das sagte mir ein anderer Zeitzeuge – Frank Reiss – der im März 1968 in die USA emigriert ist. Er hat Recht behalten, Breschnew schickte die Panzer fünf Monate später.

Es folgte eine „Normalisierung" genannte Eiszeit, die 21 Jahre dauern sollte. In Betrieben und Behörden wurden die Menschen aufgefordert, schriftlich zu versichern wie froh sie darüber seien, dass die „kommunistischen Brudervölker" den „imperialistischen Umsturzversuch" in der der Tschechoslowakei abgewendet hatten. Lisa verweigerte die Unterschrift.

„Nachdem 1968 die Sowjets dann wieder bei uns eingefallen waren, hatte ich allergrößte Probleme. Elf Monate vor meiner Verrentung wurde ich dann später aus der Arbeit herausgeschmissen, weil ich nicht bereit gewesen war zu sagen, dass ich mit dem Einmarsch der Sowjets einverstanden bin. Weil ich aufrichtig war und immer aufrichtig gewesen bin und die Wahrheit gesagt habe."

Dazu passt eine Episode aus den siebziger Jahren. František Mika musste in einem Krankenhaus behandelt werden. Im Verlauf ihrer Besuche bei ihrem Mann musste Lisa irritiert feststellen, dass sich die Ärzte bei der Visite an Frantíšeks Bett wenn überhaupt dann nur wenige Sekunden aufhielten, während sie sich anderen Patienten ausführlich zuwandten. Lisa berichtete einer Bekannten empört davon. „Was hast Du ihnen denn gegeben?" fragte diese. Lisa verstand nicht. „Was sollte ich ihnen denn geben?" fragte sie zurück. „Aber Lisa, ich bitte Dich! Wie kann man denn so naiv sein? Selbstverständlich erwarten die Ärzte ein gewisses Zusatzentgelt oder wenigstens einen Kuchen, ein paar Flaschen Wein, wenn Du erwartest, dass sie dich gut behandeln!" Lisa ist ganz sicher nicht naiv. Sie ist einfach anständig.

Mit ihrem Sohn Petr hat sie lange nicht über die Jahre im Lager gesprochen. „Wir haben ihm zum ersten Mal die Wahrheit über diese Zeit gesagt, als er 15 Jahre alt war. Dann waren wir mit ihm Theresienstadt, in Lidice. Zum 50. Jahrestag der Befreiung war ich mit ihm – da hat mein Mann schon nicht mehr gelebt – in Mauthausen und in Ebensee. Unsere Kinder waren natürlich auch sehr betroffen von all dem. Sie hatten keine Großeltern, keine Tanten, keine Onkel, keine näheren Familienangehörigen. So haben sie zu unseren Freunden Tante und Onkel gesagt. Das haben wir ganz absichtlich so gemacht, damit sie auch ein Gefühl von Familie hatten. Natürlich hat mein Sohn gefragt: Wieso habe ich keine Großeltern? Als wir ihm schließlich die Wahrheit gesagt haben, hat er zunächst sehr emotional reagiert. Es ist nicht leicht, so etwas Kindern zu erzählen, und noch schwerer, es den eigenen Kindern zu erzählen."

Erst nach 1989 änderte sich die Erinnerungskultur in der Tschechoslowakei. Bis zu diesem Zeitpunkt interessierten nur „Antifaschisten", die aufgrund ihrer kommunistischen Überzeugung gegen Hitler gekämpft hatten. Der Holocaust war kein Thema. Wenn überhaupt, dann wurden die aufgrund der nationalsozialistischen Rassenlehre unschuldig Verfolgten kurzerhand gleichfalls als „Antifaschisten" vereinnahmt. Ein dreijähriges jüdisches Kind, das in den Gaskammern von Auschwitz ermordet wurde, war demnach ein „Antifaschist". Oder es kam in der realsozialistischen Erinnerungskultur gar nicht vor. Das wurde nach der Samtenen Revolution 1989 grundlegend anders.

„Die Stadt Freiberg hat sich später uns gegenüber sehr anständig benommen." Noch im Jahr 1976 war František Mika zufällig dienstlich in Freiberg gewesen und hatte Passanten nach dem Standort der Fabrik gefragt. Entrüstet antwortete man ihm: „Sie verwechseln das. Sie meinen sicher Freiburg in Westdeutschland. In Freiberg hat es nie ein solches Lager gegeben!" Auf Initiative von Dr. Michael Düsing, der sich im Rahmen der Arbeit des Christlichen Jugenddorfwerks Deutschland mit Jugendlichen dort auf lokale historische Spurensuche begeben und die Geschichte der 1.000 weiblichen Häftlinge im Freiberger Außenlager des KZ Flossenbürg rekonstruiert hat, wurden die noch lebenden Frauen nach Freiberg eingeladen. An der Fabrik wurde eine Gedenktafel angebracht.

Lisa mit Dr. Michael Düsing in Freiberg 2011

Zeitzeugengespräch mit Lisa im Goethe-Institut Prag 2009

1993 starb František Mika.

Das Jahr 2016 hielt schlimme Schicksalsschläge für Lisa bereit. Im Juni zog sie sich durch einen Sturz in ihrer Wohnung einen Oberschenkelhalsbruch zu. Der folgende lange Aufenthalt in verschiedenen Prager Krankenhäusern brachte keine Besserung – im Gegenteil. Infektionen setzten ihr schwer zu.

Und noch bevor sie das Krankenhaus dauerhaft verlassen und in das Pflegeheim Hagibor übersiedeln konnte, verstarb völlig überraschend ihr Sohn Petr.

Lisa mit Schülerinnen in Prag 2009

Lisa auf einer Reise zu Zeitzeugengesprächen in Zittau 2010

Spät erfüllter Traum

Im Jahr 2017 erhielt Lisa Besuch von Judita Matyášová, einer Journalistin der Tageszeitung Lidové noviny, die sich für die Geschichte Überlebender interessiert. Als Matyášová von Lisas Zeit in der Schule für Modellzeichnen von Vílem Rotter im Prager Lucerna-Palast erfuhr und Lisa ihr eigene Entwürfe zeigt, fasste sie einen wundervollen Plan. Unterstützt von der Redaktion ihrer Zeitung wandte sie sich an die Kostümdesignerin Hanna Soukupová und an Pavlína Kvapilová, die Gründerin des Projekts "Elegante Tschechische Republik". Hanna Soukupová nähte drei Kleider nach Entwürfen Lisa Mikovás und der Fotograf Petr Kozlík schuf Potraits, auf denen Models in diesen Kleidern genau so posierten, wie auf Lisas Entwurfszeichnungen. Die Fotosession fand in den Räumen der funktionalistischen Winternitz-Villa in Prag statt. Projektberaterin war die Historikern Eva Uchalová vom Museum für Angewandte Kunst, die sich auf die Mode der Ersten Republik spezialisiert hat. Am 21. April 2017 erschien im Magazin der Lidové noviny ein ausführlicher Artikel mit Lisas Lebensgeschichte, angereichert mit Fotografien und Abbildungen ihrer Modellzeichnungen. Am 23. Juni wurde eine Ausstellung eröffnet mit Lisas Zeichnungen und mit den drei Entwürfen, die Realität geworden sind. Sie standen dort auch zum Verkauf, der Erlös ging an die Nichtregierungsorganisation Post Bellum (Gedächtnis der Nation), die Berichte tschechischer und internationaler Zeitzeugen dokumentiert und publiziert sowie Projekte zur politisch-historischen Bildung durchführt.

Entwürfe von Lisa

Gegen die Deformationen, die der Totalitarismus zweierlei Prägung in ihrem Heimatland in der Gesellschaft und in den Köpfen angerichtet hat, und die bis heute nachwirken, war Lisa auf bewundernswerte Weise immun. Zweifellos hat dabei die Prägung in ihrer Jugend durch die Erste Republik unter dem bis heute verehrten Präsidenten Masaryk eine Rolle gespielt, ganz sicher aber auch ihr wunderbares Elternhaus.

Lisa ist im Vorsitz der „Theresienstädter Initiative", der Vereinigung der ehemaligen Häftlinge. Um die Jahrtausendwende trat man mit der Bitte an diese Organisation heran, Überlebende mögen berichten. „Nicht allzu viele waren dazu bereit. Es ist nicht leicht, in die Vergangenheit zurückzukehren – ich sage das ganz ehrlich. Man hat dann einen schlechten Tag und eine schlechte Nacht. Alles kommt wieder hoch. Es haben einige abgelehnt. Andere sind schon zu krank. Wir sind eine verhältnismäßig kleine Gruppe, ich glaube, ich bin die Älteste. Nach dem Krieg haben viele gedacht, dass Faschismus nie wiederkehren wird. Aber leider ist das nicht so. In ganz Europa, auch bei uns in Tschechien gibt es Neonazis. Genau so hat es damals angefangen. Wir fühlen uns verpflichtet, zu warnen und im Namen derer zu sprechen, die nicht überlebt haben."

Den weltweiten Aufstieg des Rechtspopulismus verfolgt Lisa mit Entsetzen. Dass Tschechien im Jahr 2018 mit Miloš Zeman einen Präsidenten hat, der offen mit rechtsradikalen Bewegungen wie der AfD und Pegida in Deutschland sympathisiert, und mit Andrej Babiš einen Regierungschef, der in der Slowakei Stasimitarbeiter war, ist für sie kaum zu ertragen.

„Politische Kultur gibt es heute in Tschechien nicht mehr – das ist Unkultur. Wenn ich auf mein Leben zurückblicke, bin ich manchmal einfach nur furchtbar traurig." Das sagte mir Lisa bei unserer letzten Begegnung im September 2018. Aber sie lässt sich nicht unterkriegen. „Was soll ich mich beklagen? Mir geht es gut."

Nachwort des Autors

Ich interessiere mich für so viele Dinge, dass ich inzwischen rund vierzig Berufe und Funktionen erlernt oder ausgeübt habe. Nicht alle ganz meinen Neigungen entsprechend, zum Teil einfach der Notwendigkeit geschuldet, meinen Lebensunterhalt bestreiten zu können. Um chronologisch die wichtigsten zu nennen: Rettungssanitäter, Briefträger, Hochschulassistent, Referendar, Ghostwriter, Journalist, LKW-Fahrer, Programmierer, Lektor, Korrektor, Dokumentar, Archivar, Abteilungsleiter, Buchverleger, Finanzfachwirt, Zeitungsherausgeber, Pressereferent, Veranstaltungsmanager, Kuratoriumsmitglied eines tschechisch-sächsischen Wirtschaftsforums, Geschäftsführer einer Dachdeckerfirma, Historiker, Auslandskorrespondent, Übersetzer, Herbergsvater, Sprecher, Regisseur, Drehbuchautor. Dazu Publikationen, Seminare und Vorträge zu Oral History, historischer Spurensuche, tschechischer Geschichte sowie Gedenkstättenführungen.

Das Jahr 1989 hat mein Leben nachhaltig verändert. Zunächst aus Neugier, als politisch interessierter Mensch und Historiker, zog es mich immer wieder zu Erkundungsreisen nach Osten. Es war das Gefühl, nebenan vollziehe sich ein historischer Einschnitt, dessen Bedeutung vielleicht nur mit der Französischen Revolution vergleichbar sei – da musste ich vor Ort sein.

Mit Tschechien verband ich zunächst den Prager Frühling. Bis heute steht mir vor Augen, wie meine Eltern geweint haben, als im August 1968 Panzer durch Prag fuhren. Ich war damals acht Jahre alt. Dann Franz Kafka. Über ihn machte ich mein Examen in Literaturwissenschaft. Bis heute komme ich immer wieder auf ihn zurück – und auf Václav Havel. Das erste Buch, das 1994 in meinem Verlag erschien, war eine Interpretation von Havels Briefen aus dem Gefängnis. Es folgte ein Buch über Jan Amos Comenius. Und gleichzeitig meine private Übersiedlung nach Nordböhmen. Dass zu diesem Entschluss und dazu, ihn nie bereut zu haben, nicht unwesentlich auch wunderbare tschechische Frauen beigetragen haben, gebe ich gern zu. Die wichtigste von ihnen ist Lenka – wir sind seit elf Jahren verheiratet.

Lisa Miková ist auch so eine wunderbare tschechische Frau. Von ihr habe ich wohl am meisten über meine Wahlheimat gelernt. Sie hat unvorstellbare Gräuel durchleiden müssen – selbstverständlich vor allem im Holocaust. Aber auch die 41 Jahre unter dem totalitären kommunistischen Regime haben ihr viel Leid zugefügt. Das Paradox ist, dass ich von ihr vor allem gelernt habe, auf welche Traditionen man sich hierzulande im Positiven beziehen, wo man anknüpfen kann.

Zum Beruf des Historikers gehört es, in Archiven in staubigen Akten zu wühlen, Dutzende von Publikationen von Kollegen zu studieren und zu prüfen, die sich bereits früher mit einem Thema beschäftigt haben, das man in den Blick fasst. Selbstverständlich habe auch ich das immer wieder getan und tue es bis heute. Mit der Oral History, der von Zeitzeugen erzählten Geschichte, hatte ich aber schließlich das Betätigungsfeld gefunden, das mich am meisten fasziniert. Die staubigen Akten und die Studien von Fachkollegen beleuchten und illustrieren dann die Berichte von Menschen, denen man Fragen stellen kann, die vor Ort waren. Die rund 700 von mir organisierten und pädagogisch begleiteten Gespräche hauptsächlich mit tschechischen Zeitzeugen waren ganz sicher die wichtigste Erfahrung meines Berufslebens und eine unvergessliche Bereicherung. Ich konzentrierte mich dabei in den ersten Jahren auf den Holocaust und die Zwangsarbeit unter dem NS-Regime. Später kamen Zeitzeugen aus Tschechien und der ehemaligen DDR hinzu, die von neuem Antisemitismus, vom Stalinismus, von Stasi-Terror, vom Prager Frühling, der „Normalisierung", der Charta 77 und der „Wende" in der DDR oder der „Samtenen Revolution" in der Tschechoslowakei berichteten.

Lisa Miková und viele andere, die kennenzulernen und heute zu meinen besten Freunden zählen zu dürfen ich die Ehre hatte, haben all dies erlebt. Und zu all dem etwas beigetragen. Wenn sie – wie Lisa Miková – ihre Rolle als Zeitzeugen recht verstehen und sich auf das beschränken, was sie persönlich erlebt haben, sind sie für die Geschichtswissenschaft eine unschätzbar wertvolle Quelle.

Was Lisa Miková und mit ihr viele andere, die in Zeitzeugenprojekten mitgewirkt haben, geleistet und erreicht haben, ist schwer in Worte zu fassen. Nicht, indem sie den Mördern entkommen sind und überlebt haben. Das war wie geschildert sicherlich zu einem guten Teil Ausdruck einer ungewöhnlich starken Persönlichkeit und Intelligenz, aber häufig auch einfach Glück und Zufall geschuldet. Wenn diese Menschen, wie Lisa sagt, freiwillig wieder und wieder „einen schlechten Tag und eine schlechte Nacht" in Kauf nehmen, indem sie in die dunkelsten Stunden ihrer Vergangenheit zurückkehren und Zehntausenden von Jugendlichen davon berichten, geht die Wirkung weit über den Wert von historischen Quellen hinaus. Wass ich damit meine, zeigt vielleicht am eindrucksvollsten das Beispiel eines jungen Mannes, den ich in einer Schule für sozial auffällige Jugendliche in der Nähe von Berlin kennengelernt habe. Er war ein Modellathlet, kurzgeschoren, die Arme voller Tätowierungen, und hatte in seiner ganzen Gestik und Mimik zu Beginn tiefes Misstrauen und Ablehnung demgegenüber zum Ausdruck gebracht, was dieser alte Mann aus Tschechien denn wohl zu erzählen hätte. Nach einem langen Gespräch mit Artur Radvanský, der Häftling der Konzentrationslager Buchenwald, Ravensbrück, Sachsenhausen, Auschwitz, Mauthausen und Ebensee war, hatten wir uns schon verabschiedet und waren auf dem Parkplatz unterwegs zu unserem Auto, als er mit seinem Skateboard angefahren kam. Er ging auf Artur zu und sagte: „Wissen Sie, Herr Radvanský, ich bin hier, weil mir, sagen wir mal, schon öfter einmal »die Hand ausgerutscht ist«. Weil ich zugeschlagen habe. Mir ist bis heute nie klar gewesen, was ich damit auf der anderen Seite ausgelöst habe. Das Gespräch mit Ihnen heute hat mich sehr nachdenklich gemacht…" Daraufhin nahm er mit beiden Händen Arturs Hand, schüttelte sie und sagte: „Danke. Danke dass Sie zu uns gekommen sind."

Dieses Erlebnis war besonders eindrücklich, aber es war bei weitem nicht das einzige dieser Art in anderthalb Jahrzehnten der Arbeit mit Zeitzeugen. Im Rahmen einer Evalution unserer Zeitzeugenarbeit teilte mir ein Abiturient mit, noch Jahre nach einer Begegnung mit Lisa Miková sei in seiner Schule über dieses Ereignis gesprochen worden.

Nach meinen Erfahrungen gibt es kein didaktisches Mittel, das wirksamer und nachhaltiger wirken würde, als sorgfältig vorbereitete und pädagogisch begleitete Begegnungen mit Zeitzeugen.

Es gibt noch immer Holocaust-Leugner und Unverbesserliche wie den AfD-Vorsitzenden Alexander Gauland, die den Holocaust als „Vogelschiss in der deutschen Geschichte" zu bezeichnen die Dummheit besitzen. Aber es gibt auch immer wieder Menschen, die gern einen Schlussstrich unter die schwärzesten Kapitel der deutschen Geschichte ziehen, den Blick nur noch nach vorne richten möchten. Auch von Gutmeinenden wird nicht selten das Argument ins Feld geführt: Das ist ja alles richtig, das ist leider passiert – aber das wissen wir doch längst, es ist gut dokumentiert, und man muss es doch nicht immer wieder breittreten.

Doch! Das muss man. Denn niemand kommt mit dem Wissen um den Holocaust auf die Welt, um Vertreibungen, Straflager der Staatssicherheit, die gewaltsame Niederschlagung der Aufstände von Menschen, die nichts anderes Freiheit und Menschenrechte gefordert haben.

Schließlich darf ein Aspekt nicht übersehen werden. Zweifellos haben nicht wenige der rund 25.000 Jugendlichen, die mit mir Zeitzeugen begegneten, zum ersten Mal in ihrem Leben bewusst einen Juden kennengelernt und etwas überrascht festgestellt: Das sind ja Menschen wie du und ich – wie kamen die Nazis nur auf diesen mörderischen Wahnsinn?

Nur Wissen und Begegnungen immunisieren gegen die Angst vor Fremdem, gegen Antisemitismus und Ausländerfeindlichkeit.

Auch deshalb habe ich dieses Buch geschrieben.

Geleitworte

Es muss um das Jahr 2005 gewesen sein. Eine wundersame und wunderbare Begegnung in der Masná 21, der ehemaligen Fleischgasse, im 1. Prager Bezirk. Ein Kaffeekränzchen ältere Damen, oder präziser: in ihrer Schönheit und Würde wunderbar gealterter Frauen. Köstliche Dorty und Moučníky, Kaffee, türkisch und reichlich. Seit vielen Jahren trafen sich die anwesenden Frauen regelmäßig in stabiler aber bisweilen wechselnder Zusammensetzung, um über Erlebnisse zu sprechen, die sie in ihrer blühenden Jugend gemeinsam erlebt, präziser, durchlitten hatten. Und die sie für ihr gesamtes Leben geprägt hatten: in Theresienstadt, Auschwitz, Freiberg und Mauthausen.

Die Gastgeberin des Treffens war dieses Mal Lisa Miková, „weil sie die größte und schönste Wohnung hat", so die anderen. Die Einladung war eine freundliche Revanche für den Flossenbürger Gedenkstättenleiter, denn die Frauen hatten die Gedenkfeiern in Flossenbürg besucht und an Zeitzeugengesprächen teilgenommen. Es war eine Einladung in einen ebenso erlauchten wie selbstverständlichen Kreis. Denn ich wohnte nicht nur einem Kaffeekränzchen bei, das kulinarisch und stilistisch den Geist des vergangenen österreichisch-tschechisch-jüdischen Prags spüren und genießen ließ, sondern auch einer Art Selbsthilfegruppe. Die Gespräche der Damen kreisten rasch um die Erfahrungen der Jugend, nicht nostalgisch, sondern reflexiv: um Entwürdigungen und Schicksale. Die Diskussionen changierten zwischen Deutsch und Tschechisch und waren trotz aller Gastfreundlichkeit weniger auf den Besucher bezogen als auf die eigene Runde.

Ich werde diesen Nachmittag in der Masná 21 nie vergessen. Nicht die Herzenswärme der Gastgeberin, Lisa Miková, mit der mich seitdem unzählige herzlichste Begegnungen verbinden. Nicht die einzigartige Gastfreundschaft, mit all ihren kulinarischen und kulturellen Begleiterscheinungen. Nicht die Intensität der Gespräche denen ich mehr beiwohnte als aktiv daran teilnahm.

Selten in meinem Leben habe ich intensiver gespürt, was die Zerstörung des europäischen Kultur-, Geistes- und Lebensraums durch die nationalsozialistischen Deutschen bedeutete als in den Begegnungen mit Lisa Miková und ihren Freundinnen Eva Štichová, Helga Hošková und Hana Hnatová. Selten in meinem Leben verband sich die historische Entwürdigungs- und Gewalterfahrung mit humanistischer und böhmisch-kosmopolitischer Gegenwartserdung und Zukunftshoffnung als in der Nähe von Lisa Miková und ihren Gefährtinnen, den „Prager Damen", wie sie in der Gedenkstätte Flossenbürg liebevoll genannt wurden. Dafür bin ich - mit vielen anderen - Lisa Miková unendlich dankbar und es ist mir Ehre und Freude zugleich, ihr dies auf diesem Wege mitteilen zu können.

Dr. Jörg Skriebeleit
Leiter der Gedenkstätte Flossenbürg

Wir – meine Frau Beate und ich – trafen Lisa zum ersten Mal 1995 in Dresden. Im Foyer des Sächsischen Landtags wurde eine Ausstellung mit Bildern der Prager Malerin Helga Hošková-Weissová, ihrer Leidensgenossin, eröffnet. Es war unsere erste Begegnung mit Frauen, die als junge Mädchen nach dem Einmarsch der Deutschen in die Tschechoslowakei im März 1939 aus Prag, ihrer Heimatstadt, in das Konzentrationslager Theresienstadt deportiert und von dort im Spätsommer / Herbst 1944 nach Auschwitz verschleppt worden waren. Als noch „arbeitsfähig" ausgesondert zur Zwangsarbeit, schufteten sie – zusammen mit rund 1.000 anderen jüdischen Mädchen und Frauen aus vielen besetzten Ländern Europas – im sächsischen Freiberg in einem Außenlager des KZ Flossenbürg, der so genannten „Freia". Das war ein Tarnname für die in Freiberg als „Wunderwaffe" vorgesehene Produktion des ersten Strahljagdbombers der deutschen Luftwaffe – die Ar 243.

Nur wenige Monate später trafen wir Lisa erneut – diesmal in Prag, im Restaurant „U Sloupu" im Prager Stadtteil Vinohrady. Lisa und Helga hatten uns eingeladen, um viele ihrer in Prag lebenden Kameradinnen kennenzulernen, die mit ihnen Zwangsarbeiterinnen in Freiberg gewesen waren. Sie hatten die furchtbare, sechszehn Tage andauernde „Evakuierungsfahrt" in zum Teil offenen Güterwaggons im April 1945 in das KZ Mauthausen durchgemacht, bevor sie dort am 5. Mai 1945 von einem Vorauskommando der 11. Panzerdivision der 3. US-Armee General Pattons befreit worden waren.

Dreizehn Frauen saßen um einen großen runden Tisch, die meisten inzwischen weit über 70 Jahre alt, einige schon in den 80ern. Eine von ihnen, Ružena Beničková, sagte: „Es ist ein Wunder. Vor mehr als 50 Jahren hätte niemand von uns geglaubt, dass wir einmal so zusammensitzen." Hätte sich der Wille der Nationalsozialisten erfüllt, hätte niemand von ihnen dort gesessen. Sie wären seit mehr als 50 Jahren tot, ermordet: vergast, verhungert, erfroren, erschlagen. Lisa sagte jenen Satz, der wenige Jahre später zum Titel meiner ersten Buchdokumentation über die jüdischen Zwangsarbeiterinnen in Freiberg wurde: „Wir waren zum Tode bestimmt." Sie schloss an: „Das wir hier sind, haben wir einem Zufall zu verdanken, denn für uns alle sollte es keine Ausnahme vom Tod geben, der uns allen zugedacht war."

So begann meine, unsere tiefe Freundschaft mit Lisa, mit Helga, Hana, Eva, Chava, Věra, Gerta und anderen, von denen inzwischen die meisten leider verstorben sind. Zu Lisa, einer der ältesten unter ihnen, halten wir bis heute Kontakt. Mein letzter Besuch bei ihr war im Oktober 2017 im jüdischen Prager Pflegeheim Hagibor, wo sie nach ihrem schweren Sturz und dem tragischen Tod ihres Sohnes Peter lebt. Helga Hošková und Hana Hnatová begleiteten mich und meinen Freund Jochen, der die letzten Überlebenden des Freiberger Lagers in Prag kennenlernen wollte. Lisas ungebrochener Lebensmut, ohne Klagen und ohne Bitterkeit beeindruckte uns tief. So, wie ich sie über mehr als zwanzig Jahre kennen- und schätzen gelernt hatte, war sie auch jetzt – trotz allen Unglücks, das sie nun im hohen Alter, sie war inzwischen 95 Jahre alt, angefallen hatte.

Wie oft hatten wir Lisa seit 1996 in Freiberg begrüßen können – allein, mit Helga, mit anderen ihrer Kameradinnen. Sie mochte keine offiziellen Begrüßungsakte, von denen es über die Jahre durch den Freiberger Landrat, Freibergs Oberbürgermeister und andere Persönlichkeiten viele gab. Sie sprach lieber mit jungen Leuten, Schülerinnen und Schülern, Auszubildenden, auch arbeitslosen Jugendlichen. Die Geschichtswerkstatt Freiberg, die ich Anfang der 1990er Jahre initiiert hatte und die im Laufe der Jahre unterschiedliche gemeinnützige Träger hatte – das Christliche Jugenddorfwerk Deutschlands (CJD), in den letzten Jahren die Eckert-Schulen, ein Bildungsträger aus Bayern – organisierte immer wieder solche Begegnungen.

Lisa war in allen diesen Begegnungen und Jugendprojekten, oft in Freiberg, manchmal auch direkt in Terezín, beeindruckend offen, den jungen Leuten zugewandt, klar in ihren Ansichten – nicht nur, was die Vergangenheit betraf, sondern auch aktuelle gesellschaftliche Entwicklungen. Sie hinterließ tiefe Spuren bei den Jugendlichen.

Und bei mir. Lisa hatte sich nie verbogen – nicht unter den Nazis, und nicht unter den Kommunisten. Ihre Geradlinigkeit und Konsequenz beeindruckten mich tief, mit der sie nach der Nacht der Besetzung Prags und der Tschechoslowakei zur Zerschlagung des „Prager Frühlings" – des vergeblichen Versuchs, Demokratie, Freiheit und Sozialismus zu vereinen – am Morgen des 21. August 1968 sich weigerte, für die Besetzer und die eigenen Kollaborateure zu arbeiten. Als ich von ihr davon erfuhr, erinnerte ich mich an meine eigene Haltung in jenen Tage. Wir – meine damalige Freundin und heutige Frau und ich – waren genau über jene Tage in Urlaub in Prag und Umgebung gewesen, hatten die Besetzung hautnah miterlebt und waren entsetzt. Zurück in der DDR, wo wir beide damals studierten, diskutierten wir tage- und nächtelang mit Familie, Freunden, Bekannten über diesen Gewaltakt, der viele unserer eigenen Hoffnungen zerstört hatte. In der „Sektion für marxistisch-leninistische Philosophie" an der Humboldt-Universität Berlin, wo ich im Herbst 1968 mein fünftes Semester Philosophiestudium begann, verwickelten uns linientreue Genossen in wochenlange Diskussionen, deren Ziel es war, unsere Unterschrift unter ein Papier der Unterstützung für die Aktion der Staaten des Warschauer Vertrages zu erzwingen, die als „Hilfe zur Zerschlagung der Konterrevolution" galt. Während Lisa noch in der Nacht zum 21. August 1968 jegliche Unterstützung für die „Befreier von der Konterrevolution" konsequent und auf Dauer – und mit erheblichen beruflichen und sozialen Konsequenzen – verweigerte, gab ich nach wochenlangen Erpressungsversuchen auf und unterschrieb.

Lisa war und ist für mich, für uns, auch deshalb ein Vorbild – für aufrechtes Leben, für Mut, für Standhaftigkeit, für Überzeugung.

Ich bin zutiefst dankbar, dass Werner Imhof mit der vorliegenden Schrift Lisa in einer Weise ehrt, die berührt und ermutigt.

Dr. Michael Düsing
Historiker, Freiberg

Bücher zur Erinnerungskultur sind nicht leicht zu erstellen, insbesondere dann nicht, wenn sie den Holocaust zum Thema haben. Werner Imhof gehört zu den Autoren, für die der Holocaust Erbe und Auftrag war und ist. Imhof war dreizehn Jahre lang Projektkoordinator im Zeitzeugendialog der Brücke/Most-Stiftung und organisierte rund 700 Zeitzeugengespräche Überlebender des Holocausts und der Zwangsarbeit unter dem NS-Regime und begleitete sie pädagogisch.

Dabei lernte er die Tschechin Lisa Miková kennen. Es entwickelte sich eine tiefe Freundschaft, die dazu führte, dass als Ergebnis zahlreicher Begegnungen und Gespräche die vorliegende Biographie entstand. Miková entstammt einer säkularen jüdischen Familie. Sie erlebte eine glückliche Kindheit in der demokratischen Tschechoslowakischen Republik, bis dann 1938/39 das Unheil über die jüdische Bevölkerung hereinbrach. Mit viel Glück überlebte Lisa Miková die Hölle von Auschwitz.

Imhofs Biographie von Lisa Miková erhält ihre besondere Bedeutung dadurch, dass die Generation der noch lebenden Zeitzeugen sehr bald nicht mehr Zeugnis ablegen kann vom bis heute unvorstellbaren, größten Verbrechen der Menschheitsgeschichte. Umso wichtiger ist diese Dokumentation in einer Zeit, in der die Geister der unheilvollen Vergangenheit wiedererstehen. Das Lebensschicksal von Lisa Miková muss uns Mahnung und Warnung sein, damit sich die beschriebenen Ereignisse niemals wiederholen.

Prof. Dr. Helmut Köser

Gründer und Vorstandsvorsitzender der Brücke/Most-Stiftung

Zeitfracht Medien GmbH
Ferdinand-Jühlke-Straße 7
99095 Erfurt, Deutschland
produktsicherheit@kolibri360.de